高等职业教育“十三五”规划教材

仓储与配送管理实务

主　编　丁爱美
副主编　杨　旭　吕　寒

中国轻工业出版社

图书在版编目（CIP）数据

仓储与配送管理实务/丁爱美主编. —北京：中国轻工业出版社，2019.12

高等职业教育“十三五”规划教材

ISBN 978-7-5019-9542-4

Ⅰ.①仓… Ⅱ.①丁… Ⅲ.①仓库管理—高等职业教育—教材 ②物资配送—物资管理—高等职业教育—教材 Ⅳ.①F253

中国版本图书馆CIP数据核字（2013）第313508号

责任编辑：张文佳　　责任终审：劳国强　　封面设计：锋尚设计
版式设计：王超男　　责任校对：李　靖　　责任监印：张　可

出版发行：中国轻工业出版社（北京东长安街6号，邮编：100740）
印　　刷：三河市万龙印装有限公司
经　　销：各地新华书店
版　　次：2019年12月第1版第3次印刷
开　　本：787×1092　1/16　印张：10.5
字　　数：260千字
书　　号：ISBN 978-7-5019-9542-4　　定价：28.00元
邮购电话：010-65241695
发行电话：010-85119835　传真：85113293
网　　址：http://www.chlip.com.cn
Email：club@chlip.com.cn
如发现图书残缺请与我社邮购联系调换
191392J2C103ZBW

前言
PREFACE

目前，物流业在我国已经成为发展最快的产业之一。

《仓储与配送实务》作为物流管理专业的核心课程，以培养仓储与配送基本职业能力为目标。

本书内容根据仓储与配送岗位能力和职业要求选取和组织，课程的开发与设计由编者与企业专家共同合作完成。基于仓储与配送工作任务的课程教学情境贴近实际业务需求，主要包括仓储规划、仓储经营、仓储作业、配送经营与配送作业，是仓储与配送从业人员要求必备的专业知识与能力。

教材编写注重以下特点：

（1）知识理解与技能训练融为一体。

（2）职业核心能力与专业能力训练融为一体。

（3）课程与职业标准融为一体。

本教材由丁爱美主编，杨旭、吕寒副主编。在编写过程中得到了物流管理专业委员会专家的热情指导和大力支持。企业物流专家黄法庆、李婷参与了课程内容的选取、课程的整体设计及教材的编写工作，在此表示衷心的感谢。

由于水平有限，教材中不当之处在所难免，恳请大家批评指正。

编　者

2013年10月

目录
CONTENTS

模块一 仓储规划

导入案例

仓储的重要性

对于大部分企业来说，仓储是企业的重要活动，如原料的储存、半成品、产成品的储存。以制造型企业为例，原料在产品的生产成本中占据了相当大的比例，通常都超过50%。原料搁置得越久，被占用的资金就相应的越多，企业在原料方面损失的价值也就更高。因此，企业应尽可能地缩短物料搁置的时间，保证物料在放置过程中没有损坏。表1–1为某企业物料库存与价值的变化。

表1–1　物料库存与价值的变化

库存年数	保留价值/元	库存年数	保留价值/元
第0年	100万	第4年	30万
第1年	85万	第5年	15万
第2年	60万	第6年	0万
第3年	45万	报废处理	负值

【案例点评】如表1–1所示，如果某一家企业购入价值100万元的物料，随着库存年数的增长，由于需要花费大量资金用于物料保管以及物料本身的折旧，其价值是不断损失的。因此，我们需要通过科学有效的管理，尽快将这些物料转化为可以流动的资金，既保证物料在仓库的停留时间最短，又能最大限度地满足生产或市场需要。

学习指南

【学习目标】

知识目标

1.熟悉仓库布局

2.掌握仓库基本设施设备的配置和使用

能力目标

1.能够运用所学方法设计简单仓库的布局

2.能够对仓库设施设备合理配置

【项目分解】

工作项目1 仓库布局

工作项目2 仓库设施设备配置

知识链接

仓　　储

一、仓储的概念

仓储是通过仓库对物资进行储存和保管。它是指在原产地、消费地，或者在这两地之间存储商品（原材料、部件、在制品、产成品），并向管理者提供有关存储商品的状态、条件和处理情况等信息，也就是说仓储是商品离开生产过程尚未进入消费过程的间隔时间内的暂时停滞。

仓储随着物资储存的产生而产生，又随着生产力的发展而发展，是商品流通的重要环节之一，也是物流活动的重要支柱。在社会分工和专业化生产的条件下，为保持社会再生产过程的顺利进行，必须储存一定量的物资，以满足一定时期内社会生产和消费的需要。仓储的性质可归结为：仓储是物资产品的生产过程的持续，物资的仓储也创造着产品的价值；仓储既有静态的物品储存，也包含动态的物品存取、保管、控制的过程；仓储活动发生在仓库等特定场所；仓储的对象既可以是生产资料，也可以是生活资料，但必须是实物动产。

二、仓储的功能

（一）储存保管功能

储存保管功能是仓储最传统、最基本的功能。在商品从生产过程进入到消费过程之间，都存在一定的时间间隔。在这段时间间隔内，形成了商品的暂时停滞。商品在流通领域中暂时的停滞过程，形成了商品储存。同时，商品储存又是商品流通的必要条件。

现代生产的复杂性决定了经济领域中不均衡、不同步的现象是客观存在的，因此，生产的产品需要经过一定时间的储存保管才能和消费相协调。此外，为了应付突发事故和自然灾害，合理使用资源，防止产品因一时过剩而造成浪费，为了获得较优价格而延迟一段时间出售产品，都需要对生产的产品进行一定时间的储存保管。在现代物流领域，人们经常将其看成是整个物流过程的“调节阀”。

（二）搬运功能

搬运功能可以分为接收、转移或存放、用户订单分拣和配装等几种活动。

1.接收活动

既包括运输承运商的卸货，也包括更新仓库中的库存记录，检查是否存在破损情况以及根据订单和运输记录进行商品数量的确认。

2.转移或存放活动

包括将商品移动到仓库进行存储的物理移动，将商品搬运到进行特殊服务（如合并）的地方的移动以及出厂运输的搬运。

3.用户订单分拣活动

可分为全面分拣、批处理分拣、分区分拣和分拨分拣四类。

全面分拣是指一个订单分拣员全面负责一个订单，并负责订单从开始到结束的整个过程。

批处理分拣是指分拣员负责一批订单，负责分拣商品并将其送到站台，而后将它们在各订单间进行分配。

分区分拣指将订单分拣员分派到各指定区域，挑选出订单指定通道中的商品，并将其传给下一个分拣员，依次进行下去，来完成整个过程。

分拨分拣是指按照一个指定的特征划分运输。如对同一个承运商，可以将其所有的订单划分为一组进行分拣。

4.配装活动

既包括准备商品和将配齐的订单商品搬运到承运商的运输设备中，并调整存货记录，检查发货订单，也包括替特定用户进行商品的分类和包装，如将商品放入箱、包或其他容器中；放在托盘上；进行包装并标记运输信息（原产地、目的地、发货人、收货人及包装内容）。

（三）信息传递功能

信息是进行物流调度指挥的手段。只有有效地运用信息，才能使物流活动顺利进行。

企业管理者力图控制仓储活动，通常需要及时准确的信息，如在安排商品储存时，必须掌握进仓商品的数量、品种及商品的重量、体积等信息，同时还要了解各仓间的空余仓位情况，只有这样才能充分发挥仓库的使用效能。因此，运用电子数据交换EDI等计算机化的信息传递、互联网以及条形码来提高信息传递的速度和准确性，对于仓储运营至关重要。

三、仓储的种类

（一）按仓储经营主体划分

1.自营仓储

自营仓储主要包括生产企业仓储和流通企业仓储。生产企业为保障原材料供应、半成品及成品的保管需要而进行仓储保管，其储存的对象较为单一，以满足生产为原则。流通企业自营仓储则为流通企业所经营的商品进行仓储保管，其目的是支持销售。

自营仓储不具有经营独立性，仅仅是为企业的产品生产或商品经营活动服务。相对来说规模小，数量众多，专业性强，仓储专业化程度低，设施简单。

2.营业仓储

营业仓储是仓储经营人以其拥有的仓储设施，向社会提供仓储服务。仓储经营人与存货人通过订立仓储合同的方式建立仓储关系，并且依据合同约定提供仓储服务并收取仓储费。

营业仓储面向社会，以经营为手段，实现经营利润最大化。与自用仓库相比，营业仓储的使用效率较高。

3.公共仓储

公共仓储是公用事业的配套服务设施，为车站、码头提供仓储配套服务，其运作的主要目的是为了保证车站、码头等的货物作业和运输，具有内部服务的性质，处于从属地位。但对于存货人而言，公共仓储也适用营业仓储的关系，只是不独立订立仓储合同，而是将仓储关系列在作业合同、运输合同之中。

4.战略储备仓储

战略储备仓储是国家根据国防安全、社会稳定的需要，对战略物资进行储备。战略储备仓储特别重视储备品的安全性，且储备时间较长。所储备的物资主要有粮食、油料、有色金属等。

（二）按照仓储功能分类

1.生产仓储

生产仓储为生产领域服务，主要是用来保管生产企业生产加工的原材料、燃料、在制品和待销售的产成品，包括原材料仓储、在制品仓储和成品仓储。

2.流通仓储

流通仓储为流通领域服务，专门储存和保管流通企业待销售的商品，包括批发仓库、零售仓库。

3.中转仓储

中转仓储是衔接不同运输方式的仓储，主要设置在生产地和消费地之间的交通枢纽地，如港口、车站等。中转仓储具有货物大进大出的特性，储存期限短，注重货物的周转效率和周转率。

4.保税仓储

保税仓储是指使用海关核准的保税仓库存放保税货物的仓储行为。保税仓储所储存的对象是暂时进境并还需要复运出境的货物，或者是海关批准暂缓纳税的进口货物。保税仓储受到海关的直接监控，虽然所储存的货物由存货人委托保管，但保管人要对海关负责，入库或出库单据均需要由海关签署。

5.加工型仓储

加工型仓储是商品保管和加工相结合的仓储活动。主要职能是根据市场需要，对商品进行选择、分类、整理、更换等流通加工活动。

（三）按照仓储的保管条件分类

1.普通物品仓储

普通物品仓储是指不需要特殊条件的物品仓储，其设备和库房建造都比较简单，使用范围较广。这类仓储有一般性的保管场所和设施，常温保管，自然通风，无特殊功能。

2.专用仓储

专用仓储是专门用来储存某一类（种）的物品仓储。一般由于物品本身的特殊性质，如对温湿度的特殊要求，或易于对与之共同储存的物品产生不良影响，因此，要专库储存。例如，机电产品、食糖、烟草仓库等。

3.特殊物品仓储

特殊物品仓储是在保管中有特殊要求和需要满足特殊条件的物品仓储，如危险品、石油、冷藏物品等。这类仓储必须配备有防火、防爆、防虫等专门设备，其建筑构造、安全设施都与一般仓库不同。例如，冷冻仓库、石油库、化学危险品仓库等。

（四）按照仓储物的处理方式分类

1.保管式仓储

保管式仓储也称之为纯仓储，是以保管物原样保持不变的方式所进行的仓储。存货人将特定的物品交由保管人进行保管，到期保管人原物交还存货人。保管物除了所发生的自然损耗和自然减量外，数量、质量、件数不发生变化。保管式仓储又分为仓储物独立保管仓储和将同类仓储物混合在一起的混藏式仓储。

2.消费式仓储

保管人在接受保管物时，同时接受保管物的所有权，保管人在仓储期间有权对仓储物行使所有权。在仓储期满，保管人将相同种类、品种和数量的替代物交还给委托人所进行的仓储。消费式仓储特别适合于保管期较短的如农产品、市场价格变化较大的商品的长期存放。

项目一 仓库布局

导入案例

蒙牛乳业自动化立体仓库

内蒙古蒙牛乳业泰安有限公司乳制品自动化立体仓库，是蒙牛乳业公司委托太原刚玉物流工程有限公司设计制造的第三座自动化立体仓库。该库后端与泰安公司乳制品生产线相衔接，与出库区相连接，库内主要存放成品纯鲜奶和成品瓶酸奶。库区面积8323平方米，货架最大高度21米，托盘尺寸1200毫米×1000毫米，库内货位总数19632个。其中，常温区货位数14964个；低温区货位数46687个。入库能力150盘/小时，出库能力300盘/小时。出入库采用联机自动。

仓库工艺流程及库区布置：

根据用户存储温度的不同要求，该库划分为常温和低温两个区域。常温区保存鲜奶成品，低温区配置制冷设备，恒温4℃，存储瓶酸奶。按照生产—存储—配送的工艺及奶制品的工艺要求，经方案模拟仿真优化，最终确定库区划分为入库区、储存区、托盘（外调）回流区、出库区、维修区和计算机管理控制室6个区域。

入库区由66台链式输送机、3台双工位高速梭车组成，负责将生产线码垛区完成的整盘货物转入各入库口。双工位穿梭车则负责生产线端输送机输出的货物向各巷道入库口的分配、转动及空托盘回送。

储存区包括高层货架和17台巷道堆垛机。高层货架采用双托盘货位，完成货物的存储功能。巷道堆垛机则按照指令完成从入库输送机到目标的取货、搬运、存货及从目标货位到出货输送机的取货、搬运、出货任务。

托盘（外调）回流区分别设在常温储存区和低温储存区内部，由12台出库口输送机、14台入库口输送机、巷道堆垛机和货架组成，分别完成空托盘回收、存储、回送、外调货物入库、剩余产品，退库产品入库、回送等工作。

出库区设置在出库口外端，分为货物暂存区和装车区，由34台出库输送机、叉车和运输车辆组成。叉车司机通过电子看板、RF终端扫描来完成装车作业，反馈发送信息。

维修区设在穿梭车轨道外一侧，在某台空梭车更换配件或处理故障时，其他穿梭车仍旧可以正常工作。

计算机控制室设在二楼，用于出入库登记、出入库高度、管理和联机控制。

学习指南

【学习目标】

知识目标

1.掌握仓库的功能与分类

2.掌握仓库布局的原则与方法

能力目标

能够运用所学方法设计简单仓库的布局

【学习重点】

仓库布局的原则与方法

工作任务

职场情境：宝洁公司（Procter & Gamble，简称P&G）是一家美国消费日用品生产商，也是目前全球最大的日用品公司之一。总部位于美国俄亥俄州辛辛那提，全球员工近110000人。假如你是该公司中国部的设施规划经理，公司高层计划扩增新的物流仓库，你已被要求提出新仓库的布局设计，参考一般物流中心区域布局设计，请你为宝洁的新仓库设计布局图。

任务要求：根据以上要求为宝洁的物流仓库画出合理的布局图。

划分功能区域包括：

（1）产品区域。

正常产品区：按品牌划分，对玉兰油产品特别管理，避免串味现象。

备货区：靠近仓库门。

待处理区：退货和拒收产品处理。

残损品区：远离正常产品。

（2）工具区域。

清洁工具、装卸工具、温湿度计、消防设施、防虫害设施、地台板等。

（3）促销品及宣传资料区。

（4）办公区。

知识链接

仓　库

一、仓库的概念

仓库是保管、存储物品的建筑物和场所的总称。仓库的概念可以理解为是用来存放货物，包括商品、生产资料、工具和其他财产，及对其数量和价值进行保管的场所或建筑物等设施，还包括用于防止减少或损伤货物而进行作业的土地或水面。从社会经济活动看，无论生产领域，还是流通领域都离不开仓库。

仓储是指通过仓库对物资进行储存和保管。一般来说，它指的是从接受储存物资开始，经过储存保管作业，直至把物品完好地发放出去的全部活动过程，其中包括存货管理和各项作业活动。

仓储的各项活动大致可以分为两大类：一类是基本生产活动；另一类是辅助生产活动。基本生产活动是指劳动者直接作用于储存物品的活动，如搬运、验收、保养、分拣等；辅助生产活动，是指为保证基本生产活动正常进行所需的各项活动，如保管设施、工具维修、储存设施的维护、物品维护所用技术的研究等。

二、仓库的功能与保管方式

（一）仓库的功能

仓库作为物流服务的据点，在物流作业中发挥着重要的作用。它不仅具有储存、保管等传统功能，而且还具有拣选、配货、检验、分类、信息传递等功能，并具有多品种小批量、多批次小批量等配送功能以及附加标签、重新包装等流通加工功能。一般来讲，仓库具有以下功能。

1.储存和保管的功能

这是仓库最基本的传统功能。仓库具有一定的空间，用于储存物品，并根据物品的特性，仓库内还配有相应的设备，以保持储存物品的完好性，如储存精密仪器的仓库需要防潮、防尘、恒温等，应设置空调、恒温等控制设备。

2.配送和加工的功能

现代仓库的功能已由保管型向流通型转变，即仓库由原来的储存、保管货物的中心向流通、销售的中心转变。仓库不仅具有仓储、保管货物的设备，而且还增加了分袋、配套、捆装、流通加工、移动等设施。这样，既扩大了仓库的经营范围，提高了物资的综合利用率，又方便了消费者，提高了服务质量。

3.调节货物运输能力的功能

各种运输工具的运输能力差别较大，船舶的运输能力很大，船运船舶一般都在万吨以上，火车的运输能力较小，每节车厢能装10~60吨，一列火车的运量多达几千吨。汽车的运输能力相对较小，一般在10吨以下，它们之间运输能力的差异，也是通过仓库调节和衔接的。

4.信息传递的功能

信息传递功能总是伴随着以上三个功能而发生的。在处理有关仓库管理的各项事物时，需要及时而准确的仓库信息，如仓库利用水平、进出货频率、仓库的地理位置、仓库的运输情况、顾客需求状况以及仓库人员的配置等，这对一个仓库管理能否取得成功至关重要。

（二）仓库的保管方式

仓库的保管方式一般有：

（1）地面平放式——将保管物品直接堆放在地面上。

（2）托盘平放式——将保管物品直接放在托盘上，再将托盘平放于地面。

（3）直接堆放式——将货物在地面上直接码放堆积。

（4）托盘堆码式——将货物直接堆码在托盘上，再将托盘放在地面上。

（5）货架存放式——将货物直接码放在货架上。

三、仓库的分类

（一）按运营形态的不同分类

1.营业仓库

根据“仓库业者仓库业法”经营的仓库，这类仓库有：保管杂货的1类仓库；保管小麦、肥料的2类仓库；保管玻璃、瓷砖的3类仓库；保管水泥、缆线的露天仓库；保管危险物品的危险品仓库；温度10℃以下，保管农产品、水产品和冷冻食品的冷藏仓库等八种。

2.自备仓库

各生产或流通企业，为了本企业物流业务的需要而修建的附属仓库。

3.公用仓库

属于公用服务的配套设施，为社会物流服务的仓库。

（二）按保管类型的不同分类

1.普通仓库

常温下的一般仓库，用于存放一般的物资，对于仓库没有特殊要求。

2.冷藏仓库

具有冷却设备并隔热的仓库（10℃以下）。

3.恒温仓库

能够调节温度、湿度的室外仓库（大致在10～20℃）。

4.露天仓库

露天堆码、保管的室外仓库。

5.储藏仓库

保管散粒谷物、粉体的仓库，以筒仓为代表。

6.危险品仓库

保管危险品、高压气体的仓库，以油罐仓库为代表。

7.水上仓库

漂浮在水上的储藏货物的泵船、囤船、浮驳或其他水上建筑，或把木材在划定水面保管的室外仓库。

8.简易仓库

没有正式建筑，如使用帐篷等简易构造的仓库。

（三）根据功能分类

1.储藏仓库

主要对货物进行保管，以解决生产和消费的不均衡，如季节性生产的大米储存到下一年销售。

2.流通仓库

除具有保管功能外，还能进行流通加工、装配、简单加工、包装、理货以及配送功能，具有周转快、附加值高、时间性强的特点。

3.专用仓库

保管钢铁、粮食等某些特定货物的仓库。

4.保税仓库

经海关批准，在海关监管下，专供存放未办理关税手续而入境或过境货物的场所。

5.其他仓库

包括制品仓库、商品仓库、零件仓库、原材料仓库。

（四）其他分类形式

根据建筑形式分类	1. 平房仓库 2. 多层仓库 3. 地下仓库
根据所用建筑材料分类	1. 钢筋混凝土仓库 2. 钢架金属质仓库 3. 木架砂浆质仓库 4. 轻质钢架仓库 5. 其他仓库
根据库内形态分类	1. 一般平地面仓库 2. 货架仓库 3. 自动化立体仓库

四、自动化立体仓库

（一）概念

自动化立体仓库简称高架仓库，一般是指采用几层、十几层乃至几十层的货架来储存单元货物，并用相同的搬运设备进行货物入、出库作业的仓库。由于这类仓库能充分利用空间储存货物，故常形象地将其称为“立体仓库”。根据国际自动化仓库会议的定义，所谓自动化立体仓库就是采用高层货架存放货物，以巷道堆垛起重机为主，结合入库出库周边设备来进行作业的一种仓库。它把计算机与信息管理和设备控制集成起来，按照控制指令自动完成货物的存取作业，并对库存货物进行管理。显而易见它是物流系统的核心之一，并在自动化生产系统中占据了非常重要的地位。

（二）自动化立体仓库的优越性

自动化立体仓库的优越性是多方面的，主要体现在以下几个方面：

（1）提高空间利用率。

（2）先进的物流系统提高企业生产管理水平。

（3）加快货物存取，减轻劳动强度，提高生产效率。

（4）减少库存资金积压。

（5）现代化企业的标志。

（三）自动化立体仓库的分类

不同的立体仓库，高度、货架形式、通道宽度都和现代化仓库是不同的，仓库内设备的配置应与仓库的类型相适应。

1.按照立体仓库的高度分类

（1）低层立体仓库。低层立体仓库高度在5米以下，主要是在原来老仓库的基础上进行改建的，是提高原有仓库技术水平的手段。

（2）中层立体仓库。中层立体仓库的高度在5～15米，由于中层立体仓库对建筑以及仓储机械设备的要求不高，造价合理，是目前应用最多的一种仓库。

（3）高层立体仓库。高层立体仓库的高度在15米以上，由于对建筑以及仓储机械设备的要求太高，安装难度大，应用较少。

2.按照货架结构进行分类

（1）货格式立体仓库。货格式立体仓库是应用较普遍的立体仓库，它的特点是每一层货架都由同一尺寸的货格组成，货格开口面向货架之间的通道，堆垛机械在货架之间的通道内行驶，以完成货物的存取。

（2）贯通式立体仓库。又称为流动式货架仓库，这种仓库的货架之间没有间隔，不设通道，货架组合成一个整体。货架纵向贯通，贯通的通道具有一定的坡度，在每一层货架底部安装滑道、辊道等装置，使货物在自重的作用下，沿着滑道或辊道从高处向低处运动。

（3）自动化柜式立体仓库。自动化柜式立体仓库是小型的可以移动的封闭立体仓库，由柜外壳、控制装置、操作盘、储物箱和传动装置组成，主要特点是封闭性强、小型化和智能化，有很强的保密性。

（4）条形货架立体仓库。它是专门用于存放条形和筒形货物的立体仓库。

知识导航

仓库布局

仓库主要由以下几部分组成：物品储存区，验收、分发作业区，管理室及生活间，辅助设施等。仓库布局是指一个仓库的各个组成部分，如库房、货棚、货场、辅助建筑物、铁路专用线、库内道路、附属固定设备等的位置安排。仓库（物流中心）如图1–1所示。

图1–1　仓库（物流中心）布局

一、仓库的功能布局

一个仓库通常由生产作业区、辅助生产区和行政生活区三大部分组成。

生产作业区：仓库的主体部分，是商品储运活动的场所，主要包括储货区、铁路专运线、道路、装卸站台等。

储货区是储存保管的场所，具体分为库房、货棚、货场。货场不仅可存放商品，同时还起着货位的周转和调剂、作业作用。铁路专运线、道路是库内外商品的运输通道，商品的进出库，库内商品的搬运，都通过这些运输线路。专运线应与库内其他道路相通，保证通畅。装卸站台是供火车或汽车装卸商品的平台，有单独站台和库边站台两种，其高度和宽度应根据运输工具和作业方式而定。

辅助生产区：辅助生产区是为了商品储运保管工作服务的辅助车间或服务站，包括车库、变电室、油库、维修车间等。

行政生活区：行政生活区是仓库行政管理机构和生活区域。一般设在仓库入库口附近，便于业务接洽和管理，行政生活区与生产作业区应分开，并保持一定距离，以保证仓库的安全及行政办公和居民生活的安静。

二、仓库平面布置

仓库的平面布置是指对仓库的各个部分——存货区、入库检验区、理货区、流通加工区、配送备货区、通道以及辅助作业区在规定范围内进行全面合理的安排。仓库平面布置是否合理，将对仓储作业的效率、储存质量、储存成本和仓库盈利目标的实现产生很大影响。

（一）影响仓库平面布置的因素

1.仓库的专业化程度

仓库的专业化程度主要与库存物品的种类有关，库存物品种类越多，仓库的专业化程度越低，仓库平面布置的难度越大；反之难度越小。因为储存物品的种类多，各种物品的理化性质就会有所不同，所要求的储存保管保养方法及装卸搬运方法也将有所不同，因此，在进行平面布置时，必须考虑不同的作业要求。

2.仓库的规模和功能

仓储的规模越大、功能越多，则需要的设施设备就越多，设施设备之间的配套衔接成为平面布置中的重要问题，增加了布置的难度；反之则越简单。

（二）仓库平面布置的要求

1.仓库平面布置要适应仓储作业过程的要求，有利于仓储作业的顺利进行

（1）仓库平面布置的物品流向，应该是单一的流向。仓库内商品的卸车、验收、存放地点之间的安排，要适应仓储生产需要，按一个方向流动。

（2）最短的搬运距离。根据作业方式、仓储商品品种、地理条件等，合理安排库房、专用线与主干道的相对位置，尽量减少迂回运输。

（3）最少的装卸环节。减少在库商品的装卸搬运次数和环节，商品的卸车、验收、堆码作业最好一次完成。

（4）最大的利用空间。仓库总平面布置是立体设计，应有利于商品的合理存储和充分利用库容。

2.仓库平面布置有利于提高仓储经济效益

（1）要因地制宜，充分考虑地形、地址条件，满足商品运输和存放上的要求，并能保证仓库充分利用。

（2）布置应与竖向布置相适应。所谓竖向布置，是指建立场地平面布局中每个因素，如库房、货场、转运线、道路、排水、供电、站台等，在地面标高线上的相互位置。

（3）总平面布置应能充分、合理地使用机械化设备。我国目前普遍使用的门式、桥式起重机一类固定设备，合理配置这类设备的数量和位置，并注意与其他设备的配套，便于开展机械化作业。

3.仓库平面布置有利于保证安全生产和文明生产

（1）库内各区域间、各建筑间应根据“建筑设计防火规范”的有关规定，留有一定的防火间距，并布置防火、防盗等安全设施。

（2）总平面布置应符合卫生和环境要求，既满足库房的通风、日照等要求，又要考虑环境绿化、文明生产，有利于职工身体健康。

（三）单层仓库平面布置原则

（1）重、大件物品、周转量大和出入库频繁的物品，宜靠近出入口布置，以缩短搬运距离，提高出入库效率。

（2）易燃的物品，应尽量靠外面布置，以便管理。

（3）要考虑充分利用面积和空间，使布置紧凑。

（4）有吊车的仓库，汽车入库的运输通道最好布置在仓库的横向方向，以减少辅助面积，提高面积利用率。

（5）仓库内部主要运输通道的宽度，一般采用双行道。

（6）仓库出入口附近，一般应留有收发作业用的区域。

（7）仓库内设置管理室及生活间时，应该用墙与库房隔开，其位置应靠近道路一侧的入口处。

（四）多层仓库平面布置原则

多层仓库平面布置除必须符合单层仓库布置原则要求外，还必须满足下列要求：

（1）多层仓库最大占地面积、防火隔间面积、层数，根据储存物品类别和建筑耐火等级遵照现行建筑设计防火规范来确定。

（2）一座多层库房占地面积小于300m^2时，可设一个疏散楼梯，面积小于100m^2的防火隔间，可设置一扇门。

（3）多层仓库建筑高度超过24m时，应按高层库房处理。

（4）多层仓库存放物品时遵守上轻下重，周转快的物品分布在低层。

（5）当设地下室时，地下室净空高度不宜小于2.2m。

（6）楼板载荷控制在2t/m^2左右为宜。

三、仓库面积的组成与计算

仓库面积取决于储存商品的总量、种类以及构成。

（一）仓库总面积

仓库总面积是指从仓库外墙线算起，整个围墙内所占的全部面积。若在墙外还有仓库的生活区、行政区或库外专用线，则应包括在总面积之内。

（二）仓库建筑面积

仓库建筑面积是指仓库内所有建筑物所占平面面积之和。若有多层建筑，则还应加上多层面积的累计数。仓库建筑面积包括：生产性建筑面积（包括库房、货场、货棚所占建筑面积之和），辅助生产性建筑面积（包括机修车间、车库、变电所等所占的面积之和）和行政生活建筑面积（包括办公室、食堂、宿舍等所占面积之和）。

（三）仓库使用面积

仓库使用面积是指仓库内可以用来存放商品的面积之和，即库房、货棚、货场的使用面积之和，其中库房的使用面积为库房建筑面积减去外墙、内柱、间隔墙及固定设施等所占的面积。

（四）仓库实用面积

仓库实用面积是指在仓库使用面积中，实际用来堆放商品所占的面积，即库房使用面积减去必需的通道、垛距、墙距及进行收发、验收、备料等作业区后所剩余的面积（即仓库中货垛和货架占用的面积）。

实用面积的计算主要有三种方法。

1.计重物品就地堆码

实用面积按仓储定额计算，公式为：

$$S_{实}=Q/N_{定}$$

式中：$S_{实}$为实用面积（平方米）；Q为该种物品的最高储存量（吨）；$N_{定}$为该种物品的仓容定额（吨/平方米）。

仓容定额：指仓库中某种物品单位面积上的最高储存量。

2.计件物品的就地堆码

实用面积按可堆层数计算，公式为：

$$S_{实}=\text{单件底面积}\times(\text{总件数}/\text{可堆积层数})$$

3.上架存放物品

上架存放物品要计算货架占用面积，公式为：

$$S_{实}=\frac{Q}{(l\cdot b\cdot h)\cdot k\cdot r}(l\cdot b)=\frac{Q}{h\cdot k\cdot r}$$

式中：$S_{实}$为货架占用面积（平方米）；Q为上架存放物品的最高储存量（吨）；l,b,h为货架的长、宽、高（米）；k为货架的容积充满系数；r为上架存放物品的容重（吨/立方米）。

（五）有效面积

有效面积是指仓库作业占用面积，包括实用面积、通道、检验作业场地面积之和。计算方法主要有以下几种。

1.比较类推法

比较类推法以现已建成的同级、同类、同种仓库面积为基准，根据储量增减比例关系，加以适当调整来推算新建库的有效面积。公式为：

$$S = S_0 \cdot \frac{Q}{Q_0} \cdot k$$

式中：S为拟新建仓库的有效面积（平方米）；S_0为参照仓库的有效面积（平方米）；Q为拟新建仓库的最高储备量（吨）；Q_0为参照仓库的最高储备量（吨）；k为调整系数（当参照仓库的有效面积不足时，$k>1$；当参照仓库的有效面积有余时，$k<1$）。

2.系数法

系数法是根据实用面积及仓库有效面积利用系数计算拟新建仓库的有效面积。公式为：

$$S = \frac{S_{实}}{\alpha}$$

式中：S为拟新建仓库的有效面积（平方米）；$S_{实}$为实用面积（平方米）；α为仓库有效面积利用系数，即仓库实用面积占有效面积的比重。

3.直接计算法

即先计算出货垛、货架、通道、收发作业区、垛距、墙距所占用的面积，然后将它们相加求和。

四、仓库内部储位布置（货位布置）

仓库内部储位布置是指对库内物品存储设备（货垛或货架）、通道、辅助空间等要素的相对位置的规划和设计，分平面布置和空间布置。仓库内部储位的合理布置对提高物资保管质量、充分利用仓储能力、加速物资收发、降低仓储费用等具有重要意义。

（一）平面布置

储存场所的平面布置常见的形式有以下几种。

1.垂直式布局

垂直式布局是指货垛或货架的排列与场所的主通道垂直，具体又分为横列式布局和纵列式布局以及混合式布局。

（1）横列式布局。横列式布局是指货垛或货架的长度方向与保管场所的长度方向相互垂直。

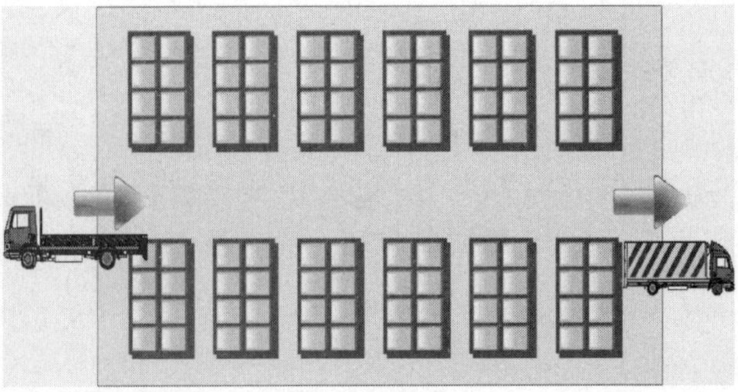

优点：运输通道（主通道）长且宽，作业通道（副通道）短，便于存取查验，有利于机械化作业，且有利于通风采光，整齐美观。

缺点：运输通道占地面积大。

（2）纵列式布局。纵列式布局是指货垛或货架的宽方向与保管场所的长度方向相互垂直。

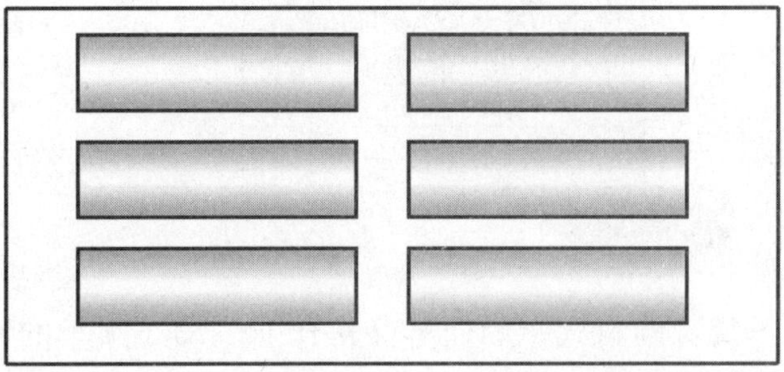

优点：运输通道（主通道）短，占地面积少。缺点作业通道（副通道）长，存取查验物资不方便，对通风采光不利。

（3）纵横式布局——混合式布局。

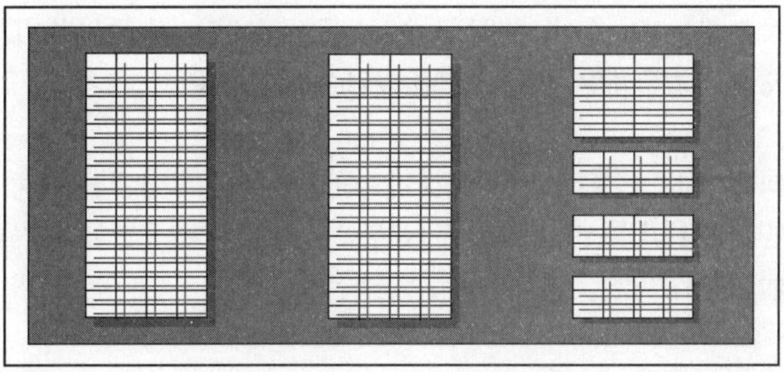

2.倾斜式布局

倾斜式布局是指货垛或货架的长度方向与保管场所的运输通道方向成一定夹角，具体分为货垛倾斜和通道倾斜两种情况。

（1）仓库货垛倾斜式布局。

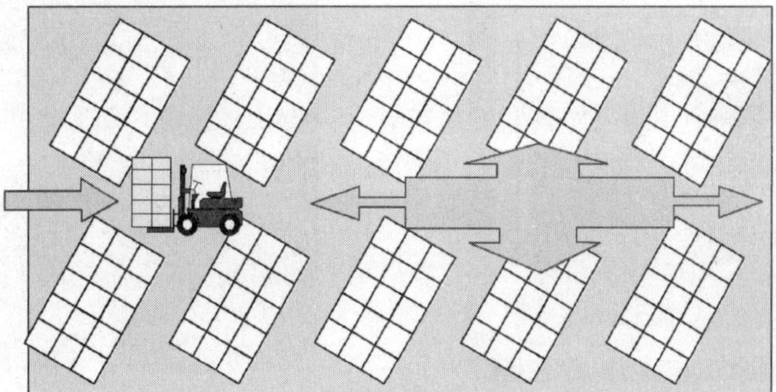

（2）仓库通道倾斜式布局。

从图中可看出，货垛倾斜式布局便于叉车作业，缩小叉车的回转角度，提高作业效率，但存在不少死角，降低了仓库利用率。通道倾斜式布局能较好地克服货躁倾斜的缺点。

（二）空间布置

仓库的空间布置，即库存物资在仓库高度方向上的布置，通常有以下几种方式。

1.物资堆垛

物资堆垛是大批量物资的垂直布置形式，它是将物资的单位包装直接堆码在垛基上，层层堆码到一定高度。物资堆码可以利用托盘和集装箱堆码。

2.利用货架

物资进行竖向布置的主要手段是利用各种货架，货架的类型和高度决定了竖向布置的形式和高度。有些物品利用原包装直接存入货架，有的可装入货箱或码到托盘上再存入货架，这样可充分利用仓储空间，并有利于迅速发货。

3.采用架上平台

在库房净空比较高、货架比较矮的情况下，可以采用架上平台的方式充分利用空间，即在货架的顶部铺设一层承压板构成二层平台，这样可在平台上直接堆放货物，也可排布货架，如下图所示。在不需要增加其他设备的条件下，仓库人员可较方便地到平台上进行收发作业。

储存场所的竖向布置潜力很大，在不增加仓库面积的情况下，向空间要货位，可成倍地扩大储存能力，节省基建投资。

4.空中悬挂

将物资悬挂在挂钩上或挂架上，适用于许多汽车零件的仓储。

五、仓库的建筑结构设计

仓库的结构对实现仓库的功能起着很重要的作用。因此，仓库的结构设计应考虑以下几个方面。

（一）平房建筑和多层建筑

仓库库房的结构，从出入库作业的合理化方面看，应尽可能采用平房建筑，这样，仓储物就避免了在楼层间移动，而且电梯往往也是产品流转中的一个瓶颈地带，因为有许多材料搬运机通常都会竞相利用数量有限的电梯，影响仓库作业效率。即使采用倾斜输送机也是流量有限。但是在城市内，尤其是在商业中心地区，土地有限或地价昂贵，为了充分利用土地，采用多层建筑成为最佳的选择。在采用多层仓库时，要特别重视对货物上下楼的通道建设。如果是周转量大的流通仓库，则采用二层立交斜路方式，车辆可直接行驶到二层仓库，两层都可同时进行收货、验货、保管。一层作为笨重货物保管和配货、大型车辆装卸的场所；二层作为轻便货物作业和储存的场所。

（二）仓库出入口和通道

仓库出入口的位置和数量是由“建筑的开建长度、进深长度”、“库内货物堆码形式”、“建筑物主体结构”、“出入库次数”、“出入库作业流程”以及“仓库职能”等因素所决定的。出入库口尺寸的大小是由卡车是否出入库内，所用叉车的种类、尺寸、台数、出入库次数，保管货物尺寸大小所决定的。库内的通道是保证库内作业畅顺的基本条件，通道应延伸至每一个货位，使每一个货位都可以直接进行作业，通道需要路面平整和平直，减少转弯和交叉。

（三）立柱间隔

库房内的立柱是出入库作业的障碍，会导致保管效率低下，减少存货空间，因而立柱应尽可能减少。考虑出入库作业的效率，以汽车或托盘的尺寸为其中的一个基准，一般仓库的立柱间隔以7米的间隔较适当。它适合2台大型货车（2.5米×2）的运行宽度或3台小型载货车（1.7米×3）的作业间隔。采取托盘存货或作业，因托盘种类规格不同，以适合6个标准托盘为间隔，加上托盘间距和货柱间距，如采用1.2米标准托盘时，间隔为7.65米（1.2米×6+0.05米×5+0.1米×2）。平房建筑的仓库，拓宽立柱间隔较为容易，可以实现较大的立柱间距，而钢骨架建筑的仓库可以不要立柱。

例：某装卸站台拟安排2辆卡车作业，卡车宽度为2.5米，车辆间距为1米，车柱间距0.8米，试计算立柱间距。

$$立柱间距=2.5\times2+1\times1+0.8\times2=7.6（米）$$

（四）天花板的高度

仓库的机械化、自动化，对仓库天花板的高度提出了很高的要求。即使用叉车的时候，标准提升高度是3米，而使用多端是高门架的时候要达到6米。另外，从托盘装载货物的高度看，包括托盘的厚度在内，密度大且不稳定的货物，通常以1.2米为标准；密度小而稳定的货物，通常以1.6米为标准。以其倍数（层数）来看，1.2米/层×4层=4.8米，1.6米/层×3层=4.8米，因此，仓库的天花板高度最低应该是5～6米。

（五）地面

地面的构造主要是地面的耐压强度，地面的承载力必须根据承载货物的种类或堆码高度具体研究。通常，一般平房普通仓库1平方米地面承载力为2.5～3吨，其次是3～3.5吨；多层仓库层数加高，地面承受负荷能力减少，一层是2.5～3吨，二层是2～2.5吨，三层是2～2.5吨，四层是1.5～2吨，五层是1～1.5吨甚至更小。地面的负荷能力是由保管货物的重量、所使用的装卸机械的总重量、楼板骨架的跨度等所决定的。流通仓库的地面承载力，还要保证重型叉车作业的足够承受力。

项目二 仓库设施设备配置

导入案例

蒙牛乳业自动化立体仓库设备选型及配置

一、货架

1.主要使用要求和条件

托盘单元载重能力：850/400千克（常温区/低温区）；存储单元体积：1000（运行方向）毫米×1200（沿货叉方向）毫米×1470（货高含托盘）毫米；库区尺寸9884（平方米），库区建筑为撕开屋顶，最高点23米。

2.货架选择

根据使用要求和条件，经力学计算和有限元分析优化，确定采用具有异形截面，自重轻、刚性好、材料利用率高、表面处理容易、安装、运输方便的双货位横梁式组合货架。其中，货架总高度分别有：21000毫米、19350毫米、17700毫米、16050毫米、14400毫米和12750毫米。货架规模：常温区有14964个；低温区有4668个。

3.货架主材

主柱：常温区选用自选轧制的126型异型材，低温区采用120型异型材。横梁：常温区选用自轧制异型材55BB区采用5BB型异型材。天、地轨：地轨采用30千克/米钢轨；天轨要采用16#工字钢。

4.采用的标准、规范

JB/T5323—1991立体仓库焊接式钢结构货架技术条件；JB/T9018—1999有轨巷道式高层货架仓库设计规范；CECS23：90钢货架结构设计规范和Q/140100GYCC001—1999货架用异型钢材。

二、有轨巷道堆垛机

1.主要技术参数

堆垛机高度：21000毫米、19350毫米、17700毫米、16050毫米、14400毫米和12750

毫米；堆垛机额定载重量：850/400千克；载货台宽度：1200毫米；结构形式；双立柱；运行速度：5~100米/分（变频调速）；起升速度：4~40米/分（变频调速）；货叉速度：3~30米/分（变频调速）；停准精度：超升、运行≤±10毫米，货叉≤±5毫米；控制方式：联机自动、单机自动、手动；通信方式：远红外通信；供电方式：安全滑触线供电；供电容量：20kW、三相四线制380V、50Hz。

2.设备配置

有轨巷道堆垛超重机主要由多发结构、超升机构、货叉取货机构、载货台、断绳案例保护装置、限速装置、过载与松绳保护装置以及电器控制装置等组成。

三、输送机

1.主要技术参数

额定载荷：850/400千克（含托盘）；输送货物规格：1200毫米×1000毫米×1470毫米（含托盘）；输送速度：12.4米/分。

2.设备配置

整个输送系统由2套PLC控制系统控制，与上位监控机相连，接收监控机发出的作业命令，返回命令的执行情况和子系统的状态等。

四、双工位穿梭车

主要技术参数有：额定载荷：1300千克；接送货物规格：1200毫米×1000毫米×1470毫米（含托盘）；最大空托盘数：8个；空托盘最大高度：1400毫米；运行速度：5~160米/分（变频调速）；输送速度：12.4米/分。

五、计算机管理与控制系统

主要包括仓储物流信息管理系统和仓储物流控制与监控系统两部分。仓储物流信息管理系统实现上层战略信息流、中层管理信息流的管理；仓储物流控制与监控系统实现下层信息流与物流作业的管理。

【案例点评】仓储设施是构成仓储系统的重要组成因素，担负着仓储作业的各项任务，影响着仓储活动的每一个环节，在仓储活动中处于十分重要的地位。

仓库设施设备的配置是仓储系统规划的重要内容，关系到仓库建设成本和运营费用，更关系到仓库的生产效率和效益。因此需要掌握仓库主要设备及其用途，并做好设备管理工作。

学习指南

【学习目标】

知识目标

1.掌握仓库设施设备配置原则

2.掌握主要设施设备的类别与使用

能力目标

1.能够根据需要合理选择仓库设备

2.能够使用基本仓库设备进行操作

【学习重点】

1.仓库设备的选择

2.基本仓库设备的使用

【学习难点】

设备的使用

工作任务

职场情境：A公司是一家大型的仓储配送中心，现配送中心需选购一批仓库设备，假设你是该配送中心的仓库经理，请你为A仓库选择合理的设施设备。

任务要求：通过观察A仓库的基本情况，能够画出配置图。

知识导航

仓库设施设备配置

一、仓库设备配置的原则

仓库是物流的重要组成部分。仓库的设备种类很多，为使其发挥最佳效用，必须进行合理的选择配置和管理使用，应选择和配置最经济、合理、实用、先进的技术设备。除此之外，要求每一类设备工作可靠，无论在什么作业条件下，都要具有良好的运行稳定性。

二、仓库主要设备及其用途

随着科学化、现代化仓库的建立，仓库设备也在日益更新，朝着经济、实用、安全可靠、合理、稳定等方面发展。仓库设备在实现仓库功能的活动中起着非常重要的作用，下面仅介绍几种常用的仓库设备的结构、特点及用途。

（一）货架

随着仓库机械化和自动化程度的不断提高，仓库设施特别是货架技术也在不断发展。仓库广泛使用着传统的货架，如抽屉式货架、橱柜式货架、U形架、悬臂架、棚架、鞍架、轮胎专运架，除此之外，还出现了重力式货架、移动式货架、层格式货架、阁楼式货架、装卸式货架、托盘式货架、立体化自动仓库货架等现代化的新型货架。

这里主要介绍几种通用性强和比较新型的货架。

1.层架

（1）结构。层架由立柱、横梁、层板构成，层间用于存放货物，如图1–2所示。

图1–2　层架

层架的应用非常广泛，如果按层架存放货物的重量来分类，层架可以分为重型和轻型；按结构层架分，有层格式、抽屉式等类型。

一般轻型层架主要适合人工存取作业，其规格尺寸及承载能力都与人工搬运能力相适应，高度通常在2.4m以下，厚度在0.5m以下；而中型和重型的货架尺寸则较大，高度可以达4.5m，厚度达1.2m，宽度达3m以上。一些层架具有特殊的保管功能，如加密锁、冷藏、恒温等。

（2）特点及用途。层架结构简单，适用性强，有利于提高空间利用率，方便作业的存取，是人工作业仓库的主要存储设备。

2.托盘货架

（1）结构。托盘货架专门用于存放堆码在托盘上的货物，其基本形态与层架类似，但其承载能力和每层空间适于存放整托盘货物。

目前多采用杆件组合，虽然拆迁容易，但层间距不可依码货高度调整。通常总高度在6米以下，架底撑脚需要装叉车防撞装置，如图1–3所示。

（2）特点及用途。托盘货架结构简单，可调整组合，安装简易，费用经济；出入库不受先后顺序的限制；储物形态为托盘装载货物，配合升降式叉车存取。

3.阁楼式货架

（1）结构。阁楼式货架是将储存空间做上、下两层规划，利用钢架和楼板将空间间隙为两层，下层货架结构支撑上层楼板，如图1–4所示。

（2）物点及用途。阁楼式货架可以有效增加空间使用率，通常下层适用于存放轻量物品，不适合重型搬运设备行走，上层物品搬运需配垂直输送设备。

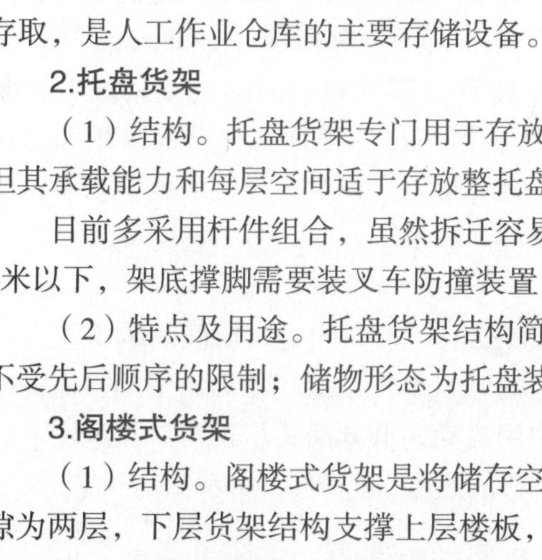

图1–3　托盘货架

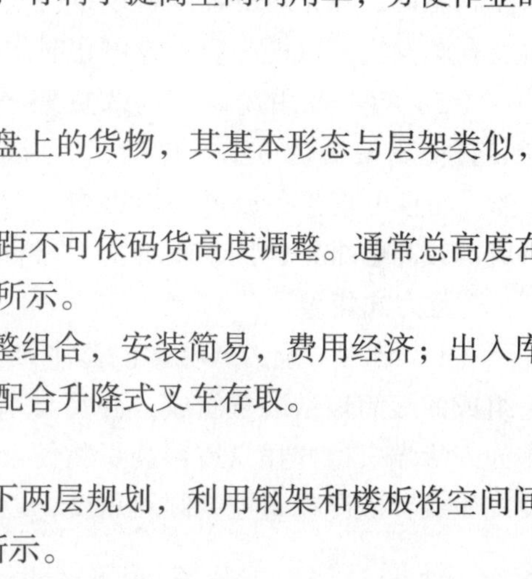

图1–4　阁楼式货架

4.悬臂式货架

（1）结构。悬臂式货架是在立柱上装设杆臂构成的，悬臂常用金属材料制造，其尺寸一般根据所存放物料尺寸的大小确定。为防止物料损伤，常在悬臂上加垫木质衬垫或橡胶带以起保护作用，如图1–5所示。

图1–5　悬臂式货架

（2）特点及用途。悬臂架为开放式货架，不太便于机械化作业，需配合跨距较宽的设备。一般高度6米以下，空间利用率较低，为35% ~ 50%。

5.移动式货架

（1）结构。移动式货架底部装有滚轮，通过开启控制装置，滚轮可沿道轨滑动。货架结构可以设计成普通层架，也可以设计成托盘货架。控制装置附加有变频控制功能，用来控制驱动、停止时的速度，以维持货架上货物的稳定，有时还设有确定位置的光电感测器及刹车电机，以提高启动或停止时的稳定度和精确度，如图1–6所示。

（2）特点及用途。移动式货架平时密集相接排列，存取货物时通过手动或电力驱动装置使货架沿轨道水平移动，形成通道，可以大幅度减少通道面积，地面使用率可达80%，而且可直接存放每一箱货物，不受先进先出的限制。但相对来说机电装置较多，建造成本较高，维护也比较困难。

6.重力式货架

（1）结构。重力式货架的基本结构与普通层架类似，不同的是其层间间隔由重力滚轮组成的滚筒输送装置组成，并且与水平面成一定的倾斜角度，低端作为出货端，而高端作为入货端。这样托盘或箱装货物便会由于重力作用自动向低端滑移，还可以在滚轮下埋设气压或者液压设备控制倾斜角度，以调整货物滑移的速度，如图1–7所示。

图1–6　移动式货架

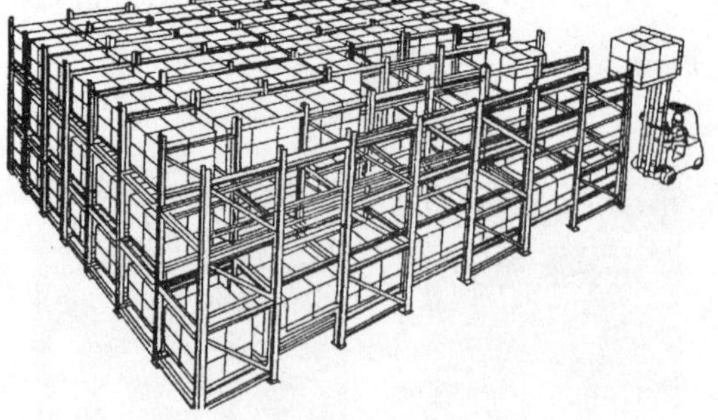

图1–7　重力式货架

（2）特点及用途。重力式货架通常成密集型配制，能够大规模密集存放货物，减少了通道数量，可有效节约仓库面积：重力式货架能保证先进先出，并且方便拣货，作为分拣式货架其出货端与入货端分离，能提高作业效率和作业的安全性；重力式货架还可以根据需要设计成适合托盘、纸箱、单件货物储存的结构和形式。

7.驶入、驶出式货架

（1）结构。驶入、驶出式货架常用钢质结构，钢柱上有向外伸出的水平突出构件，叉车将托盘送入，由货架两边的悬轨托住托盘及货物。

（2）特点及用途。驶入、驶出式货架属高密度配置，高度可达10米。库容利用率可高达90%以上，适用于大批量少品种配送中心使用，但不太适合太长或太重物品。驶入式货架存取货时受先后顺序的限制。

（二）托盘

托盘是用于集装、堆放、搬运和运输的放置作为单元负荷的货物和制品的水平平台装置。托盘是为了使货物有效地装卸、运输、保管，将其按一定数量组合放置于一定形状的台面上，这种台面有供叉车从下部插入并将台版托起的叉入口。以这种结构为基本结构的台版和在这种基本结构基础上形成的各种形式的集装器具都统称为托盘。

1.托盘的优缺点

托盘的主要优点有：

（1）自重量小。

（2）返空容易。

（3）装盘容易。

（4）装载量适宜，组合量较大。

（5）节省包装材料，降低包装成本。

托盘除了具有以上所述优点外，也有以下不足：

（1）保护产品性能不如集装箱。

（2）露天存放困难，需要有仓库等设施。

（3）托盘本身的回运需要一定的运力消耗和成本支出。

2.托盘的种类

（1）平托盘。平托盘是指在承载面和支撑面间夹以纵梁，构成可集装物料，可使用叉车或搬运车等进行作业的货盘。平托盘由双层板或单层板另加底脚支撑构成，无上层装置，如图1–8所示。

平托盘有以下几种分类方式：

①按叉车插入方式分为单向叉入型、双向叉入型、四项叉入型三种。

②按承运货物台面分成单面形、单面使用形和双面使用形、翼形四种。

③按材料分为木制品托盘、钢制托盘、铝合金托盘、胶合板托盘、塑料托盘、纸板托盘、复合材料托盘等。

（2）箱式托盘。箱式托盘指在托盘上面带有箱式容器的托盘，如图1–9所示。

箱式托盘的面上具有上层结构，其四周至少有三个侧面固定，一个侧面是可拆叠的垂直面。箱式结构可有盖和无盖，有盖的板壁箱式托盘与小型集装箱无严格区别，适用于装

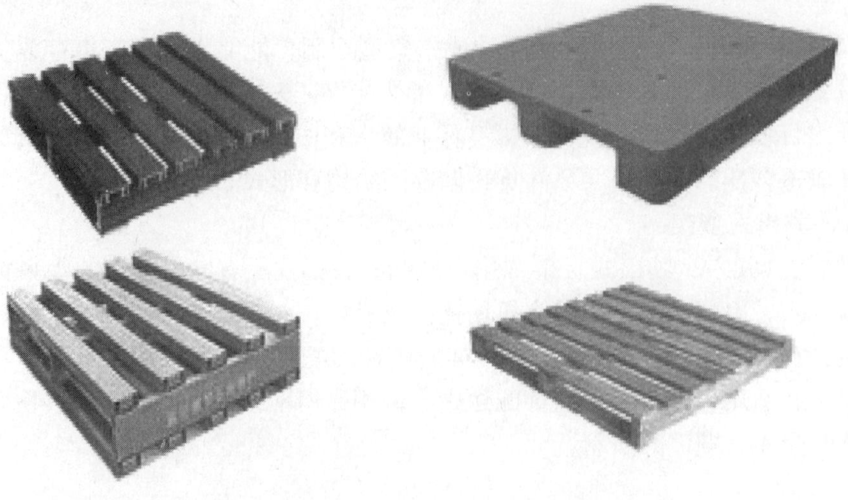

图1-8　平托盘

图1-9　箱式托盘

载贵重货物。无盖的板壁箱式托盘适于企业内装载各种零件、元器件。

（3）柱式托盘。四角有四根立柱的托盘称为柱式托盘。

柱式托盘没有侧板，在托盘上部的四个角有固定式或可卸式的立柱，有的柱与柱之间有连接的横梁，使柱子成门框型，如图1-10所示。

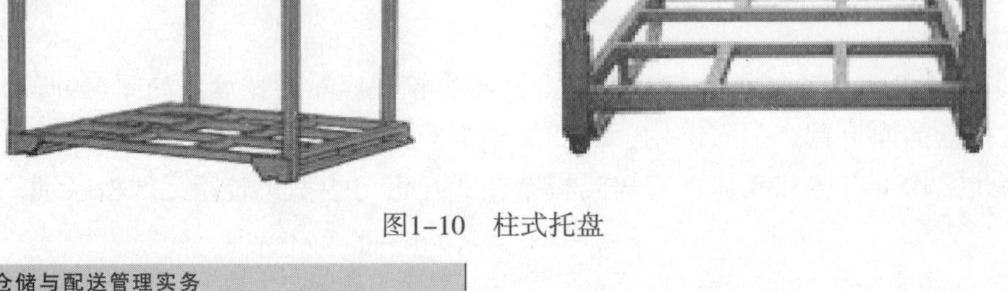

图1-10　柱式托盘

柱式托盘是在平托盘基础上发展起来的，其特点是在不压货物的情况下可进行码垛，多用于包装物料、棒料管材等的集装。

柱式托盘，还可以作为可移动的货架、货位。不用时，可叠套存放，节约空间。

（4）轮式托盘。托盘底部有四个小轮的托盘叫做轮式托盘。轮式托盘是在平托盘、柱式托盘，或网箱托盘的底部装上脚轮而成。既便于机械化搬运，又便于短距离的人力移动。

轮式托盘适用于企业工序间的物流搬运，也可在工厂或配送中心装上货物运到商店，直接作为商品货架的一部分，如图1–11所示。

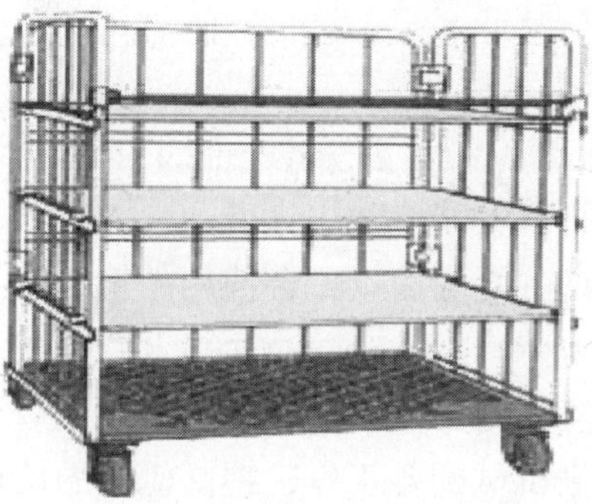

图1–11　轮式托盘

（5）特种专用托盘。由于托盘作业效率高、安全稳定，尤其在一些要求快速作业的场合，突出利用托盘的重要性，因此各国纷纷研制了多种多样的专用托盘，如平板玻璃集装托盘、轮胎专用托盘、长尺寸物托盘、油桶专用托盘等。

（6）滑板托盘。在一个或多个边上设有翼板的平板，用于搬运、存储或运输单元载荷形式的货物或产品的底板。

（7）植绒内托。植绒内托是一种采用特殊材料的吸塑托盘，将普通的塑料硬片表面粘上一层绒质材料，从而使托盘表面有种绒质的手感，用来提高包装品档次。

3.托盘的标准与规格

我国托盘规格主要有3个规格：800毫米×1000毫米、800毫米×1200毫米、1000毫米×1200毫米。

美国主流托盘为48英寸×40英寸（约为1200毫米×1000毫米）；日本主流托盘为1100毫米×1100毫米和1200毫米×1000毫米。

国际标准化组织规定规格有800毫米×1000毫米、800毫米×1200毫米、1000毫米×1200毫米三种，此外还有1200毫米×1600毫米、1200毫米×1800毫米的大型托盘。

国家标准规定的联运平托盘外部规格系列（GB／T2934–1982）为800毫米×1000毫米、800毫米×1200毫米、1000毫米×1200毫米三种。

托盘集合包装所集装的货物单元体积一般为1立方米以上，高度在1100毫米或2200毫米，载重为500～2000千克。

（三）叉式装卸车

1.结构

图1–12　叉式装卸车

叉式装卸车又称为叉车，是仓库装卸搬动机械中应用最广泛的一种，它由自行的轮胎底盘和能垂直升降、前后倾斜的货叉和门架等组成。叉车主要用于仓库内货物的装载搬运，是一种既可做短距离水平运输，又可堆拆垛和装卸卡车、铁路平板车的机械，在配备其他取物装置以后，还能用于散货和各种规格品种货物的装卸作业，如图1–12所示。

2.特点及用途

叉车与其他搬运机械一样，能够减轻装卸工人繁重的体力劳动。除了能提高装卸效率，缩短车辆停留时间，降低装卸成本以外，它还有以下特点和用途：

（1）机械化程度。使用各种自动的取物装置或在货与货板配合使用的情况下，可以实现装卸工作的完全机械化，不需要工人的辅助体力劳动。

（2）机动灵活性好。叉车外形尺寸小，重量轻，能在作业区域内任意调动，适应货物数量及货流方向的改变，可机动地与其他起重运输机械配合工作，提高机械的使用率。

（3）可以“一机多用”。在配备和使用各种取货装置如货叉、铲斗、臂架、吊杆、货夹、抓取器等的条件下，可以适应各种品种、形状和大小货物的装卸作业。

（4）能提高仓库容积的利用率。堆码高度一般可达3米，采用高六架叉车可达到5米。

（5）有利于开展托盘成组运输和集装箱运输。

（6）成本低、投资少，能获得较好的经济效果。

（四）计量设备

仓库的计量设备可分为称量设备和量具两类。

1.称量设备

仓库常用称量设备有以下几种：天平和案秤、台秤、地中衡、轨道衡（又称汽车衡）、自动称量装置。

2.量具

仓库使用的量具一般有普通量具和精密量具。

（五）起重机

起重机适用装卸大件笨重货物，借助于各种吊索具也可用于装卸其他货物，同时，起重机也是唯一以悬吊方式装卸搬运货物的设备。其吊运能力较大，一般为3～30t。最常用的起重机有龙门起重机、桥式起重机和汽车起重机等，如图1–13所示。

（六）自动化分拣设备

自动化分拣设备指的是受自动控制的一套机械分拣装置，它由接受分拣指令的控制装置、把到达分拣位置的货物取出的搬送装置、在分拣位置把货物分送的分支装置和在分拣位置存放货物的暂存装置等组成。

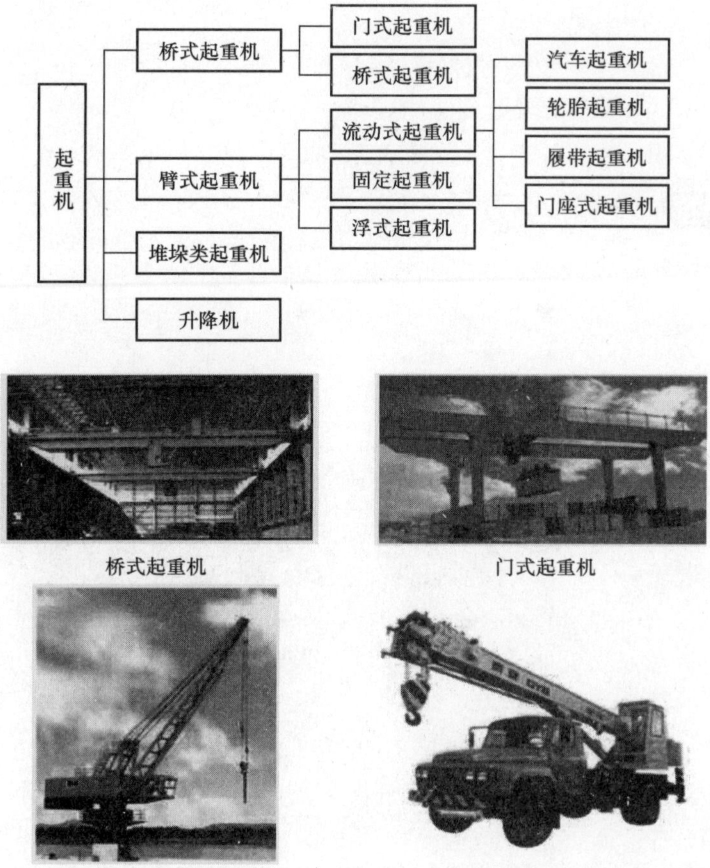

桥式起重机　门式起重机

回转支撑式起重机　汽车起重机

图1-13　起重机的类型

三、仓库设备使用管理

（一）设备管理的方式

设备管理的方式应根据仓库规模的大小、设备数量的多少以及设备的集中与分散、固定与流动等使用情况而定。除少数固定的设备统一使用外，其余的均为分散使用。因此设备通常在统一管理的基础上，实行分级管理，专人负责、专门管理部门负责的方式，以确保设备的完好率，保证仓库业务的正常进行。

（二）设备的技术管理

对于仓库中的设备必须建立管理、使用、维修、保养制度。这是仓储管理工作中的一个重要环节。尤其是一些大型仓库，机械设备较多，更应加强管理，装卸搬运机械管理工作有以下几个要点：

（1）制定必要的规章制度、操作规程，并认真贯彻执行。

（2）加强对操作、维修人员的安全教育和技术培训，实行使用、维修相结合的方法，不断提高技术水平。

（3）加强技术资料的管理工作，建立设备技术档案。

（4）及时总结推广先进经验，努力节约原材料、燃料，降低装卸搬运成本。

模块二 仓储经营

导入案例

增值服务：未来仓储的重点

2006年年终，中国物资储运协会（以下简称协会）对56家分布在全国34个直辖市、省会城市和主要口岸城市的大型仓储企业进行了调查，结果显示仓储业发展稳定，几项主要指标的增长速度都超过10%。

2006年，样本企业实现主营业务收入91.3亿元，比2005年增长17%。其中仓储业务收入增长12.3%，运输配送收入增长17.2%，商品销售收入增长18%，质押业务收入增长183%，现货市场业务收入增长14.2%。

推动业务增长的因素主要有:一是仓储需求增大。除了生产和贸易向大企业集中，需要更多的仓储设施之外，跨国公司在中国需要更多的物流中心为之服务。沃尔玛、家乐福、欧尚、麦德龙等零售业的扩张，推动了物流中心业务的增长；二是中国经济增长速度加快。进出口总额预计增长24%，资源性原材料进口和加工制成商品出口，都需要仓储物流中心作为结点支撑。

如果将保管业务作为仓储业的基础业务，那么配送、包装、组装、加工、现货市场、信息服务、质押监管业务就是仓储业的增值服务。除了加工业务因进入门槛低、竞争激烈而下降34%之外，其他业务都取得了12%以上的增长速度。被调查的仓储企业中只有两家亏损，亏损率为3.6%，赢利企业赢利增加，最高的一家仓储企业盈利2800万元以上。

2006年，几乎所有的银行都在研究开发物流金融产品。中国物资储运总公司质押业务增长高达180%以上，与200多家银行分支机构开展监管业务，监管点多达400多个，质押贷款额超过150亿元。

【案例点评】对仓储经营企业而言，单独的仓储服务，如传统仓储业务已经无法构成企业牢固的基础，所以一方面它们必须提供新的附加业务，扩大业务范围；另一方面也必须不断推陈出新，为客户提供独家的、或者至少是特别的服务内容——增值服务，以增加企业的核心竞争力。仓储企业通过准确把握物流服务的市场定位、实施物流服务流程重组、提升物流服务信息化水平、树立物流增值服务的特色品牌等一系列工作，可以较好地为社会提供增值服务，更强地参与市场竞争，获得快速发展。

学习指南

【学习目标】

知识目标

1.掌握仓储经营的方法

2.掌握仓储合同的内容与签订

3.掌握仓单的功能及业务

能力目标

1.能够分析选择仓储经营方法

2.能够完成仓储合同的签订

3.能够完成仓单业务

【项目分解】

工作项目1 仓储经营管理

工作项目2 仓储合同签订

工作项目3 仓单业务操作

项目一 仓储经营管理

导入案例

月山啤酒集团的仓储经营

月山啤酒集团在几年前就借鉴国内外物流公司的先进经验，结合自身的优势，制定了自己的仓储物流改革方案。首先，成立了仓储物流中心，对全国市场区域的市场活动进行重新规划，对产品的仓储、专库实行统一管理和控制。由提供单一的仓储服务，到对产成品的市场区域分布、流通时间等全面的调整、平衡和控制，仓储调度成为销售过程中降低成本、增加效益的重要一环。其次，以原运输公司为基础，月山啤酒集团注册成立具有独立法人资格的物流有限公司，引进现代物流理念和技术，并完全按照市场机制运作。作为提供运输服务的“卖方”，物流公司能够确保按规定要求，以最短的时间、最少的投入和最经济的运送方式，将产品送至目的地。第三，筹建了月山啤酒集团技术中心。月山啤酒集团应用建立在Internet信息传输基础上的ERP系统，筹建了月山啤酒集团技术中心，将物流、信息流、资金流全面统一在计算机网络的智能化管理之下，建立起各分公司与总公司之间的快速信息通道，及时掌握各地最新的市场库存、货物和资金流动情况，为制定市场策略提供准确的依据，并且简化了业务运行程序，提高了销售系统工作效率，增强了企业的应变能力。

通过这一系列的改革，月山啤酒集团获得了很大的直接和间接经济效益。首先是集团的仓库面积由7万多平方米下降到不足3万平方米，产成品平均库存量由12 000吨降到6 000

吨。其次，这个产品物流体实现了环环相扣，销售部门根据各地销售网络的要货计划和市场预测，制定销售计划，仓储部门根据销售计划和库存及时向生产企业传递要货信息；生产工厂有针对性地组织生产，物流公司则及时地调度运力，确保交货质量和交货期。第三，销售代理商在有了稳定的货源供应后，可以从人、财、物等方面进一步降低销售成本，增加效益，经过一年多的运转，月山啤酒物流网取得了阶段性成果。实践证明，现代物流管理体系的建立，使月山集团的整体营销水平和市场竞争能力大大提高。

【案例点评】本案例中，月山啤酒集团通过对仓储成本进行充分的分析，制定出最经济合理的仓储物流改革方案，节约了大量仓储管理费用，增加了资金周转率，同时提高了月山集团的整体营销水平和市场竞争能力。

对于物流企业而言，仓储经营管理的全过程，是改变传统的经营理念，运用新技术，充分利用仓储资源，开发新的服务方式的过程。仓储经营管理的好与坏直接关系到物流企业的经济利益，因此需要学习仓储经营管理的知识和技能，提高仓储企业的经营水平，为企业创造更多的经济效益。

学习指南

【学习目标】

知识目标

1.掌握仓储经营管理的内容

2.掌握仓储经营的方法及选择

能力目标

能够合理开展仓储经营业务

【学习重点】

仓储经营的方法

【学习难点】

仓储经营的方法

工作任务

职场情境：某仓储公司开展以下仓储业务：为几家家电经营商代存家电产品；为多家制造企业代存其生产用原材料（钢材等）；因地处郊区，还为附近的农民代存粮食等。

任务要求：对于这三类客户存储业务，你认为仓储公司应该采取哪种仓储经营方法。

知识导航

仓储经营管理

仓储经营管理可以理解为：在仓库管理活动中，运用现代的管理思想、先进的管理理论、科学的方法以及市场经济的经营理念，对仓储经营活动进行计划、组织、指挥、协调、控制和监督，以实现最佳的协调与配合，充分利用仓储资源，降低仓储经营管理成本，提高仓储经营效益。

一、仓储经营管理的内容

仓储经营管理既包括仓储企业对内部仓储业务活动的管理，也包括对整个企业资源的经营活动的管理，即仓储商务活动的管理。

（一）仓储业务管理

仓储业务管理是指对仓库和仓库中储存的物资进行管理。这种业务管理是仓储经营管理的基础，是各种公共仓储、营业仓储和自营仓储都必须进行的管理活动。这种对仓库和仓库中储存的物资的管理工作，是随着储存物资的品种多样化和仓库设计结构、技术设备的科学化而不断变化发展的。仓储管理的手段既有经济的，也有纯技术的，具体包括以下几个方面。

1.仓库的选址与建筑决策管理

企业在建立仓库选址时要依据企业生产经营的运行和发展来考虑；应保证所建仓库各种设备的有效利用，不断提高仓库的经济效益；要能保证仓库运营的安全，一方面要保证储存物资不受各种可能的自然灾害或人为破坏；另一方面要保证储存物资对企业及周围环境的安全。

2.仓库的机械作业的选择与配置

企业根据实际需要以及自身的实力决定是否采用机械化、智能化设备，若要使用，就要对智能化的程度、投资规模、设备选择、安装、调试与运行维护等进行选择与管理。

3.仓库的日常业务管理

例如，如何组织物资入库前的验收，如何存放入库物资，如何对物资进行有效的保养，如何出库等。

4.仓库的库存管理

库存管理包括对库存物资的分类、库存量、进货量、进货周期等的确定。

5.仓库安全管理

仓库安全管理是其他一切管理工作的基础和前提，包括仓库的警卫和保卫管理、仓库的消防管理、仓库的安全作业管理等内容。

6.其他业务管理

除了以上的业务管理外，仓库业务考核问题、新技术和新方法在仓库管理中的运用问题等都是仓储业务管理所涉及的内容。

（二）仓储商务管理

仓储商务是指仓储经营人利用所具有的仓储保管能力向社会提供仓储保管产品和获得经济收益所进行的交换行为。仓储商务是仓储企业对外的基于仓储经营而进行的经济交换活动，是一种商业性行为，因而，仓储商务发生在公共仓储和营业仓储之中，企业自营仓储则不发生仓储商务。

仓储商务管理则是仓储经营人对仓储商务所进行的计划、组织、指挥和控制的过程，是独立经营的仓储企业对外商务行为的内部管理，属于企业管理的一个方面。仓储商务管理的目的是为了充分利用仓储资源，最大限度地获得经济收入和提高经济效益。仓储商务管理涉及企业的经营目标、经营收益，因而更加重视管理的经济性、效益性。相对于其他企业项目管理，商务管理具有外向性，因为其是对仓储企业与外部发生的经济活动的管理；商务管理又有整体性的特征，商务工作不仅是商务职能部门的工作，还涉及仓储企业整体的经营和效益，同时也是其他部门能否获得充足工作量的保证。其具体内容体现在以下几个方面。

1.仓储经营组织管理

仓储经营组织管理包括仓储经营管理机构的设定、经营管理人员的选用和配备、经营管理制度、工作制度的制定与实施等。

2.仓储企业经营战略管理

经营战略管理包括企业经营战略的制定、经营环境跟踪、战略调整、战略实施等内容。在制定企业经营战略时，要综合考虑企业自身的人力、财力和物力以及市场对仓储产品的需求和供给状况，以实现可持续发展和利润最大化为原则，合理制定企业经营发展目标和经营发展方法。仓储企业可以在总体经营战略的基础上选择租赁经营、公共仓储、物流中心或者配送中心的经营模式，采用单项专业经营或者综合经营，实行独立经营或者联合经营的经营定位。另外要根据经营环境因素的变化以及根据战略实施的结果反馈进行分析后，对战略进行相应的调整，并对战略规划的实施进行管理。

3.市场管理

仓储企业要广泛开展市场调查和研究，对市场环境因素以及仓储服务的消费者行为进行分析，细分市场以发现和选择市场机会；向社会提供能满足客户需求的仓储服务、制定合理的价格策略；加强市场监督和管理，广泛开展市场宣传，巩固和壮大企业的客户队伍。

4.资源管理

仓储企业需要充分利用仓储资源，为企业创造和实现更多的商业机会。因此，要合理利用仓储资源，做到物尽其用。

5.制度管理

高效的商务管理离不开规范、合理的管理制度。仓储企业应该在资源配置、市场管理、合同管理等方面建立和健全规范的管理制度，做到权力、职责明确。

6.成本管理

一方面，企业应该准确进行仓储成本核算、确定合适价格，提高产品或服务的竞争力；另一方面，企业应该通过科学合理的组织、充分利用先进的技术来降低交易成本。

7.合同管理

仓储企业应该加强商务谈判和对合同履行的管理，做到诚实守信、依约办事，创造良好的商业信誉。

8.风险管理

仓储企业通过细致的市场调研和分析、严格的合同管理以及规范的商务责任制度，妥善处理商务纠纷和冲突，防范和减少商务风险。

9.人员管理

商务人员的业务素质和服务态度在很大程度上影响着企业的整体形象，因此，商务管理还应该包含对商务人员的管理。仓储企业应该以人为本，重视商务人员的培训和提高，通过合理的激励机制调动商务人员的积极性和聪明才智，同时还要加强对商务人员的监督管理，创建一支高效、负责的商务队伍。

二、仓储经营方法的选择

为了实现仓储经营合理化，必须采用科学的仓储经营方法，对商品的仓储及仓储经营进行有效的动态控制。仓储经营方法根据仓储的目的不同可分为：保管仓储、混藏仓储、消费仓储、仓库租赁经营和仓储多种经营等。

（一）保管仓储

1.保管仓储的概念

保管仓储是指保管人储存存货人交付的仓储物，存货人支付仓储费的一种仓储经营方法。在保管仓储中，仓储经营人以获得仓储保管费收入最大化为经营目标，仓储保管费来源于仓储的数量、仓储时间和仓储费率的乘积，其公式为

$$TR=QTp$$

式中：TR为总收入；Q为存货数量；T为存货时间；p为仓储费率。

或者在多种类商品、不同费率时，表达为

$$TR=\sum Q_iT_ip_i\ (i=1,2,3,\cdots,n)$$

在整体上：

$$总收入=总库容量\times仓容利用率\times平均费率$$

2.保管仓储的经营特点

（1）保管仓储的目的在于保持保管物原状。寄存人交付保管物于保管人，其主要目的在于保管。也就是说，他主要是将自己的货物存入仓储企业，仓储企业必须对仓储物实施必要的保管而达到最终维持保管物原状的目的。它与存货企业是一种提供劳务的关系，所以在仓储过程中，仓储物的所有权不发生转移，仓储企业没有处分仓储物的权利。

（2）仓储管理的货物一般都是数量大、体积大、质量高的大宗货物、物资，如粮食、工业制品、水产品等，它与一般保管不同的是：仓储物只能是动产，不动产不能是仓储物。

（3）保管仓储活动是有偿的，保管人为存货人提供仓储服务，存货人必须支付仓储费。仓储费是保管人提供仓储服务的价值表现形式，也是仓储企业盈利的来源。

（4）仓储保管经营的整个仓储过程均由保管人进行操作，仓储经营人需要承担完全的投入，包括仓库设备、生产工具、物料及各种消耗和全部劳动力的投入。

（二）混藏仓储

1.混藏仓储的概念

混藏仓储是保管式仓储的经营方式在一定条件下的发展。它是指存货人将一定品质、数量的种类物交付保管人储藏，而在储存保管期限届满时，保管人只需以相同种类、相同品质、相同数量的替代物返还的一种仓储经营方法。

例如，农民将小麦交给粮库保管，约定粮库可以混藏小麦，粮库将所有收存的小麦混合储存于相同品种的小麦仓库，形成一种保管物为混合物的状况，小麦的所有权并未交给粮库，各存货人对该混合保管物按交付保管时的份额而各自享有所有权。在农民需要时，粮库从小麦仓库取出存货的数量交还该农民。

2.混藏仓储的特点

（1）混藏仓储的对象是种类物。混藏仓储的目的并不是完全在于原物的保管，有时寄存人仅仅需求实现价值的保管即可，保管人以相同种类、相同品质、相同数量的替代物返还，并不需要原物返还。因此当寄存人基于物的价值保管的目的而免去保管人对原物的返还义务时，保管人减轻了义务负担，也扩大了保管的范围，种类物成为保管合同的保管物。保管人既以种类物为保管物，则在保存方式上失去各保管物特定化的必要，所以将所有同种类、同品质的保管混合进行仓储保存。

（2）混藏仓储是一种特殊的仓储方式。混藏仓储与消费仓储、保管仓储有着一定的联系，也有一定的区别。保管仓储的对象是特定物，而混藏仓储的对象是种类物。

混藏仓储在物流活动中发挥着重要的作用，在提倡物尽其用、发展高效物流的今天，赋予了混藏仓储更新的功能，配合先进先出的运作方式，使得仓储物资的流通加快，有利于减少耗损和过期变质等风险。

混藏仓储通过混藏的方式，使仓储设备投入最少，仓储空间利用率最高。混藏仓储主要适用于农村、建筑施工、粮食式仓储，是成本最低的仓储方式，但若存货品种增加，则会使仓储成本增加。在混藏仓储经营中提高了仓储设施的利用率，但也带来了一定的风险。首先是精确计量的风险，货物进出库都需要精确计量，确保进出数量完全一致，否则计量误差的损失由仓库经营人承担。其次是货物自然减量的风险，货物自然减量使得仓储减少，这种减少一般以约定减少比例的方式转移到存货人身上，但超出约定比例的减量则要由仓库经营人承担，自然减量是由含水量、杂质含量、气候和天气等决定的，要准确测定自然减量是极为困难的。另外最主要的风险还是仓储变质的风险，由于仓储物变质，无法按照同品质交货，仓库经营人至少要承担品质差异的损失。

（三）消费仓储

1.消费仓储的概念

消费仓储是指存货人不仅将一定数量品质的种类物交付仓储管理人储存保管，而且与保管人相互约定，将储存物的所有权也转移给保管人，在保管期间，保管人可以使用仓储物。在合同期届满时，保管人以相同种类、相同品质、相同数量的替代品返还给存货人的一种仓储方法。

2.消费仓储的特点

（1）消费仓储是一种特殊的仓储形式，具有与保管仓储相同的基本性质。消费仓储的目的是对保管物的保管，主要是为存货人的利益而设定的，原物虽然可以消耗使用，但其价值得以保存。存货人交付保管物于保管人，只要求自己的货物在需要时仍然能够得到等同于原样的输出。

（2）消费仓储以种类物作为保管对象，仓储期间转移所有权于保管人。在消费仓储中，存货人将保管物寄于保管人处，保管人以所有人的身份自由处分保管物，保管人在接收到保管物之时便取得了保管物的所有权。这是消费仓储最为显著的特征。

（3）消费仓储以物的价值保管为目的。在消费仓储中不仅转移保管物的所有权，而且必须允许保管人使用、收益、处分保管物，保管物的所有权转移于保管人，保管人无需返还原物，而仅以同种类、品质、数量的物品返还，保存保管物的价值即可。保管人可通过经营仓储物，即通过在高价时消费仓储物，低价时购回等活动获得经济利益；或者通过仓储物市场价格的波动进行高卖、低买、获得差价受益。当合同到期时，只需买回相同的仓储物归还存货人即可。

（四）仓库租赁经营

仓库租赁经营是通过出租仓库、场地、仓库设备，由存货人自行保管货物的仓库经营方式。进行仓库租赁经营时，最主要的一项工作是签订仓库租赁合同，在合同条款的约束下进行租赁经营，取得经营收入。

采取出租仓库的方式经营，出租人的经营依据是开展仓储保管的收益低于出租的收益，其核心是仓库经营人的保管成本无法降低，或者是仓库经营人不具有特殊商品的保管能力和服务水平。即

仓储保管费-保管成本-服务成本＜租金收入

对于租用仓库者而言，因其具有特殊的保管能力、作业能力，或者为了内部化的需要而租用仓库，自行进行仓储保管。

（五）仓储多种经营

仓储多种经营是指仓储企业为了实现经营目标，采用多种经营方法的经营方式。如在开展仓储业务的同时，还开展运输中介、商品交易、配载与配送、仓储增值服务等。当然，仓储企业开展多种经营必须具备一定的条件：

（1）能适应瞬息万变的物流市场。消费者需求受市场环境中多种不可控因素的影响，环境因素在不断变化，市场需求也在不断变化。这时企业采用多种仓储经营方式，就能适应市场需求的变化。

（2）能更好地减少风险。任何一个企业的经营活动都存在着风险，问题在于如何去减少风险、分散风险并增强抗风险的能力。实施仓储经营多样化，可使仓储的经营范围更广。分散经营，可减少风险，确保企业的正常经营。

项目二 仓储合同签订

导入案例

从一则案例阐释仓储合同的几个问题

2012年6月3日，某市富源家电进出口有限责任公司（下称富源公司）与该市天润储运公司签订一份仓储保管合同。合同主要约定：由天润储运公司为富源公司储存保管家电3000台，保管期限自2012年7月10日至11月10日，储存费用为60000元，任何一方违约，均按储存费用的20%支付违约金。合同签订后，天润储运公司即开始清理其仓库，并拒绝其他有关单位在这三个仓库存货的要求。2012年7月8日，富源公司书面通知天润储运公司：因进口家电业务撤销，故不再需贵公司仓库，双方于6月3日所签订的仓储合同终止履行，请谅解。天润储运公司接到富源公司书面通知后，遂电告富源公司：同意仓储合同终止履行，但贵公司应当按合同约定支付违约金12000元。富源公司拒绝支付违约金，双方因此而形成纠纷，天润储运公司于2012年11月21日向人民法院提起诉讼，请求判令富源公司支付违约金12000元。

在上述案例中，富源公司尚未向天润储运公司交付仓储物的情况下，是否应承担违约金12000元？

【案例点评】在本案例中，富源公司与天润储运公司所签订的仓储保管合同，依据《合同法》第382条“仓储合同自成立时生效”之规定，双方所签订的合同自签订之日起生效，该合同应为合法有效合同。双方当事人均应严格按合同的约定履行，若未按合同约定履行即构成违约，应承担违约责任。在本案中富源公司通知天润储运公司终止合同，构成违约，依双方合同之约定，富源公司应当支付违约金12000元。因此，天润储运公司的诉讼请求应予支持。

学习指南

【学习目标】

知识目标

1.掌握仓储合同相关内容

2.掌握仓储合同签订中应注意的问题

能力目标

能够正确签订仓储合同

【学习重点】

1.仓储合同的条款

2.仓储合同当事人的权利与义务

【学习难点】

仓储合同签订中应注意的问题

工作任务

工作任务1

职场情境：小组内成员分组，分别代表仓储合同的双方当事人。

任务要求：自拟仓储标的物，自由协商，签订一份仓储合同。要求合同主要条款具备。

工作任务2：

职场情境：某个体户赵某在仓南仓库寄存电器一批10000台，价值共计100万元。双方商定：仓库自2012年1月15日至2月15日期间保管，赵某分三批取走；2月15日赵某取走最后一批电器时，支付保管费2000元。

2月15日，赵某前来取最后一批彩电时，双方为保管费的多少发生争议。赵某认为自己的电器实际是在1月25日晚上才入仓南仓库，应当少付保管费250 元。仓南仓库拒绝减少保管费，理由是仓库早已为赵某的电器的到来准备了地方，至于赵某是不是准时进库是赵某自己的事情，与仓库无关。

赵某认为仓南仓库位于车站货运场附近，自己又通知了电器到站的准确时间，仓南仓库不可能空着货位，只同意支付1750元保管费。

仓南仓库于是拒绝赵某提取所剩下的彩电。

任务要求：根据以上资料试分析：

（1）赵某要求减少保管费是否合理？为什么？

（2）仓南仓库在赵某拒绝足额支付保管费的情况下是否可以拒绝其提取货物？说明理由。

知识导航

仓储合同签订

一、仓储合同的定义和种类

（一）仓储合同的定义

仓储合同也称仓储保管合同，是指仓储保管人接受存货人交付的仓储物，并进行妥善保管，在仓储期届满将仓储物完好地交付，保管人收取保管费的协议。《合同法》第381条将仓储合同规定为：“仓储合同是保管人存储存货人交付的仓储物，仓储人支付仓储费的合同。”

仓储合同具有以下特征。

1.保管人须为有仓储设备并专门从事保管业务的人

仓储合同中为存货人保管货物的一方必须是仓库营业人。仓库营业人，他可以是法人，也可以是个体工商户、合伙人、其他组织等，但必须具备一定的资格，即必须具备仓储设备和专门从事仓储保管业务的资格。所谓仓储设备，是指可以用于储存和保管仓储的必要设施，这是保管人从事仓储经营业务必不可少的基本物质条件。所谓从事仓储业务的资格，是指保管人必须取得专门从事或者兼营仓储业务的营业许可，这是国家对保管人从事仓储经营业务的行政管理要求。在我国，仓储保管人应当是在工商行政管理机关登记，从事仓储保管业务，并领取营业执照的法人或其他组织。根据《仓储保管合同实施细则》的规定，经工商行政管理机关核准，是一切民事主体从事仓储经营业务的必要资格条件。

2.仓储合同的标的物须为动产

在仓储合同中，存货人应当将仓储物交付给保管人，由保管人按照合同的约定进行储存和保管，因此，依合同性质而言，存货人交付的仓储对象必须是动产。换言之，不动产不能成为仓储合同的标的物。

3.仓储合同是双务、有偿、不要式合同

《合同法》第381条规定：“仓储合同是保管人储存存货人交付的仓储物，存货人支付仓储费的合同”。双务、有偿性显而易见。第386条所规定的仓单的重要一项即为仓储费，第392条规定：如果存货人或者仓单持有人逾期提取仓储物，那么，保管人应当加收仓储费。因此，仓储合同为双务性、有偿性的合同。

从各国立法案例及我国合同立法的实际看，仓储合同是一种不要式合同，法律并不要求仓储合同必须具备特定的形式。

4.仓储合同为诺成合同

我国《合同法》第382条“仓储合同自成立时生效”的规定，确认了仓储合同为诺成性合同。

5.仓储合同存货人货物已交付或行使返还请求权以仓单为凭证

在仓储合同中，存货人按照合同约定将仓储物交付保管人时，保管人应当给付仓单。仓单是表示一定数量、品种的货物已经交付的法律文书，是有价证券的一种，其性质为记名的物权凭证。

（二）仓储合同的分类

仓储合同可以依据不同的标准作出不同的分类，不同种类的仓储合同具有不同的种类特征，也具有不同的法律效力。

1.按照仓储合同发生的原因的分类

按照仓储合同发生的原因，仓储合同可分为一般仓储合同与指令性仓储合同。

一般仓储合同是存货人与保管人之间，根据存货人提出的存储计划和保管人的仓储能力，基于双方的意思表示一致而达成的由保管人保管存货人的货物，存货人给付保管人一定数额保管费用的协议。一般仓储合同成立，完全是出于存货人与保管人的意思表示一致，是双方自愿协商签订的。

指令性仓储合同，是指存货人与保管人基于国家指令性计划，遵循平等、自愿、等价有偿、诚信的原则而协商达成的仓储合同。我们知道，保持必要的物资储备是任何国家都不能忽略的战略基础，在任何条件下，国家都应保存一定的储备物资。国家依据必要的物资存储计划而授权有关部门与保管人进行协商，遵循市场经济条件下价值规律的客观要求，达成等价有偿的仓储协议，从而完成指令性计划物资的储备。

2.按仓储经营方式分类

按照不同仓储经营方式中，仓储标的物是否为特定物或特定化了的种类物以及仓储是否移转所有权，仓储合同可分为一般仓储合同、混藏仓储合同、消费仓储合同与仓库租赁合同。

想一想：

仓储合同还可以按什么标准分类？

二、仓储合同的当事人

仓储合同的双方当事人分别为存货人和保管人。

存货人是指将仓储物交付仓储的一方。存货人必须是具有将仓储物交付仓储的处分权的人，可以是仓储物的所有人，也可以是只有仓储权利的占有权处分人。

保管人为货物仓储保管的一方。根据《合同法》规定，保管人必须具有仓储设备和专门从事仓储保管业务的资格，也就是说保管人必须拥有仓储保管设备和设施，并取得相应的公安、消防部门许可。从事特殊保管的，还要有特殊保管的条件要求。设备和设施无论是保管人自己拥有的还是租赁的，保管人必须具有有效的经营使用权。同时从事仓储经营必须具有经营资格，进行工商登记，获得工商营业执照。保管人可以是独立的企业法人、企业的分支机构或者个体工商户、合伙组织、其他组织等，也可以是专门从事仓储业务的仓储经营者，还可以是贸易货栈、车站、码头的兼营机构，或者从事配送经营的配送中心。

三、仓储合同的标的和标的物

仓储合同的标的是仓储保管行为，其为仓储合同关系中存货人与保管人的民事权利义务共同指向的对象，包括仓储空间、仓储时间和保管要求，仓储人要为此支付仓储费。

仓储合同的标的物是仓储物，是仓储合同标的的载体和表现。作为仓储合同标的物的物品，一般没有太大限制，无论是生产资料还是生活资料，无论是特定物质还是种类物，抑或可分物与不可分物，都可以成为仓储合同的标的物。仓储合同的标的物只能是动产，而不能为不动产。至于一些易燃、易爆、易腐烂、有毒的危险品等以及一些易渗漏、超限的特殊货物，只需存货人与保管人在订立仓储合同时约定一些必要的特别仓储事项即可。另外，货币、知识产权、数据、文化等无形资产和精神产品则不能作为标的物。

四、仓储合同的内容

仓储合同的内容是检验合同的合法性、有效性的重要证据。一般来说，仓储合同包括以下方面的条款。

（一）存货人、保管人的名称和地址

合同当事人是履行合同的主体，需要承担合同责任，因此要采用完整的企业注册名称和登记地址，或者主办单位地址。主体为个人的必须明示个人的姓名和户籍地或常住地（临时户籍地）。有必要时可在合同中增加通知人，但通知人不是合同当事人，仅仅履行通知当事人的义务。

（二）保管物的品名或品类、数量、质量、包装

在仓储合同中，要明确地标明仓储物的品名或品类。货物的数量应使用标准的计量单位，而且计量单位应准确到最小的计量单位，如以包、扎、捆、把等计算的，就必须明确每包、扎、捆、把有多重或多少根、块。总之，对计量单位要防止有不同理解，产生歧义。仓储物的质量应当使用国家或有关部门规定的质量标准，也可以使用经过批准的企业标准，还可以使用行业标准，上述质量标准均可以由存货人与保管人在仓储合同中约定，而在没有质量标准时，双方当事人可自行约定质量标准。如果双方在仓储合同中没有约定质量标准，则依《合同法》第61条，可以协议补充，不能达成补充协议的，按照合同有关条款或者交易习惯确定。至于仓储物的包装，一般应由存货人负责，有国家或专业标准的，按照国家或者专业标准的规定执行，没有国家或专业包装标准的，应当根据仓储物便于保管的原则而由存货人与保管人商定。

（三）仓储物验收的内容、标准、方法、时间

保管人验收仓储物的项目有：仓储物的品种、规格、数量、外包装状况以及无须开箱、拆捆而直观可见、可辨的质量情况。包装内的货物品名、规格、数量，以外包装或货物上的标记为准；外包装或货物上无标记的，以供货方提供的验收资料为准。散装货物按国家有关规定或合同规定验收。依照惯例验收期限，国内货物不超过10日，国外到货不超过30天，法律另有规定或当事人另有约定的除外。

货物验收期限，是指自货物和验收资料全部送达保管人之日起，至验收报告送出之日止。货物验收期限的日期均以运输或邮政部门的戳记或送达的签收日期为准。超过验收期限所造成的实际损失，由保管人负责。如果保管人未能按照合同约定或者法律法规规定的项目、方法和期限验收仓储物或验收仓储物不准确，应当负责因此造成的损失。存货人未能提供验收资料或提供资料不齐全、不及时，所造成的验收差错及贻误索赔均由存货人负责。

（四）仓储条件和要求

合同双方当事人应根据货物性质、要求的不同，在合同中明确规定保管条件。保管人如因仓库条件所限，不能达到存货人要求，则不能接受。对某些比较特殊的货物，如易燃、易爆、易渗漏、有毒等危险物品，保管人保管时，应当有专门的仓库设备，并配备有专业技术知识的人负责管理。必要时，存货人应向保管人提供货物储存、保管、运输等方面的技术资料，防止发生货物毁损、仓库毁损和人身伤亡事故。存货人在交存特殊货物时，应当明确告知保管人货物有关保管条件、保管要求。否则，保管人可以拒绝接收存货人所交付的危险货物。

（五）货物进出库手续、时间、地点、运输方式

仓储合同的当事人双方，应当重视货物入库环节，防止将来发生纠纷。因此在合同中，要明确入库应办理的手续、理货方法、入库的时间和地点以及货物运输、装卸搬运的方式等内容。

出库时间由仓储合同的当事人双方在合同中约定，当事人对储存期间没有约定或者约定不明确的，存货人可以随时提取仓储物，保管人也可以随时要求存货人提取仓储物，但是应当给予必要的准备时间。另外提货时应办理的手续、验收的内容、标准、方式地点、运输方式等也要明确。

（六）仓储物的损耗标准及损耗的处理

仓储物的损耗标准是指货物在储存过程中，由于自然原因（如干燥、风化、散失、挥发、黏结等）和货物本身的性质等原因，不可避免地要发生一定数量的减少、破损，而由合同当事人双方事先商定一定的货物自然减量标准和破损率等。在确定仓储物的损害标准时，要注意易腐货物的损耗标准应该高于一般货物的损耗标准。除了对货物按照保管条件和要求保管外，损耗标准应当根据储存时间的长短来确定。

损耗的处理是指仓储物实际发生的损耗，超过标准或没有超过标准规定的，应当如何处理的问题。例如，仓储物出库时与入库时实际验收数量不一致，在损耗标准范围之内的视为货物完全交付。如果损耗数量超过约定的损耗标准，应核实后作出验收记录，由保管人负责处理。

（七）计费项目、标准和结算方式、银行、账号、时间

计费项目包括：保管费、转仓费、出入库装卸搬运费、车皮、站台、专用线占有、包装整理、商品养护等费用。此条款中除明确上述费用由哪一方承担外，还应明确各种费用的计算标准、支付方式、支付时间、地点、开户银行、账号等。

（八）责任划分和违约处理

仓储合同中可以从货物入库、货物验收、货物保管、货物包装、货物出库等方面明确双方当事人的责任，同时应规定违反合同时应承担的违约责任。承担违约责任有：支付违约金、损害赔偿以及采取其他补救措施。

（九）合同的有效期限

合同的有效期限，即货物的保管期限。合同有效期限的长短，也与货物本身的有效储存期有关。所谓有效储存期，是指某些货物由于本身的特性，不能长时间存放，例如药品、胶卷、化学试剂等，一般都注明了有效使用期限。根据有效使用期限确定的储存保管期限，称为有效储存期。对于仓库保管人员来说，保管这种产品不仅要注意仓库温度、湿度的变化，还应注意其储存期限。特别是对一些接近失效期的产品，应及时通知存货人要按时出库，出库前还要注意留给产品调运、供应和使用的时间，以使其在失效之前能够进入市场，投入使用。根据有关规定，储存的货物，在临近失效期时，保管人未通知存货人及时处理，因超过有效储存期限所造成的货物损失，保管人负有赔偿责任。保管人通知后，如果存货人不及时处理，以致超过有效储存期限而造成货物损坏、变质的，保管人不负赔偿责任。

（十）变更和解除合同

仓储合同的当事人如果需要变更或解除合同，必须事先通知另一方，双方一致即可变更或解除合同。变更或解除合同的建议和答复，必须在法律规定或者合同约定的期限内提出。如果发生了法律或合同中规定的可以单方变更或解除合同的情形，那么，拥有权利的一方可以变更或解除合同。

上述内容，一般为通常的仓储合同所应具备的主要条款。但是，合同毕竟是当事人双方的合意，签订合同是当事人自己所为的法律行为，因此，基于双方的利益考虑，当事人之间还可以就更多的、更为广泛的事项达成一致，充实仓储合同的具体内容，如争议的解决方式、合同的履行地点、是否允许转保管储存等。只要是一方要求必须规定的条款，而又与另一方达成一致意思表示，都应当是仓储合同的重要条款。

五、仓储合同的订立

（一）仓储合同订立的原则

仓储合同的订立，是存货人与保管人之间依意思表示而实施的能够引起权利与义务关系发生的民事法律行为。订立仓储合同，应当遵循以下基本原则。

1.平等原则

平等原则是指作为仓储合同的当事人双方，在法律上地位一律平等。

2.公平及等价有偿原则

仓储合同是双务合同，合同双方都要承担相应的合同义务，享受相应的合同利益。

3.自愿与协商一致原则

自愿意味着让存货人与保管人完全地依照自己的知识、判断去追求自己最大的利益。协商一致是在自愿基础上寻求意思表示一致，寻求利益的结合点。

4.合法和不损害社会公共利益原则

当事人在订立仓储合同时要严格遵守相关法律法规，不得发生侵犯国家主权、危害环境、超越经营权、侵害所有权等违法行为。合同主体在合同行为中不得有扰乱社会经济秩序、妨碍人民生活、违背道德的行为。

（二）仓储合同订立的过程

根据《合同法》的规定，只要存货人与保管人之间依法就仓储合同的有关内容经过要约与承诺的方式达成意思表示一致，仓储合同即告成立。

1.要约

所谓要约，是指希望和他人订立合同的意思表示。该意思表示应当符合下列规定：内容具体确定；表明经受要约人承诺，要约人即受该意思表示约束。

要约邀请是希望他人向自己发出要约的意思表示。寄送的价目表、拍卖公告、招标公告、招股说明书、商业广告等为要约邀请。商业广告的内容符合要约规定的，视为要约。

要约到达受要约人时生效。采用数据电文形式订立合同，收件人指定特定系统接收数据电文的，该数据电文进入该特定系统的时间，视为到达时间；未指定特定系统的，该数据电文进入收件人的任何系统的首次时间，视为到达时间。

要约可以撤回。撤回要约的通知应当在要约到达受要约人之前或者与要约同时到达受要约人。

要约可以撤销。撤销要约的通知应当在受要约人发出承诺通知之前到达受要约人。有下列情形之一的，要约不得撤销：①要约人确定了承诺期限或者以其他形式明示要约不可撤销；②受要约人有理由认为要约是不可撤销的，并已经为履行合同作了准备工作。

有下列情形之一的，要约失效：①拒绝要约的通知到达要约人；②要约人依法撤销要约；③承诺期限届满，受要约人未作出承诺；④受要约人对要约的内容作出实质性变更。

2.承诺

承诺是受要约人同意要约的意思表示。

承诺应当以通知的方式作出，但根据交易习惯或者要约表明可以通过行为作出承诺的除外。

承诺应当在要约确定的期限内到达要约人。

要约以信件或者电报作出的，承诺期限自信件载明的日期或者电报交发之日开始计算。信件未载明日期的，自投寄该信件的邮戳日期开始计算。要约以电话、传真等快速通信方式作出的，承诺期限自要约到达受要约人时开始计算。

承诺生效时合同成立。

承诺通知到达要约人时生效。承诺不需要通知的，根据交易习惯或者要约的要求作出承诺的行为时生效。

承诺可以撤回。撤回承诺的通知应当在承诺通知到达要约人之前或者与承诺通知同时到达要约人。

受要约人超过承诺期限发出承诺的，除要约人及时通知受要约人该承诺有效的以外，为新要约。

受要约人在承诺期限内发出承诺，按照通常情形能够及时到达要约人，但因其他原因承诺到达要约人时超过承诺期限的，除要约人及时通知受要约人因承诺超过期限不接受该承诺的以外，该承诺有效。

承诺的内容应当与要约的内容一致。受要约人对要约的内容作出实质性变更的，为新要约。有关合同标的、数量、质量、价款或者报酬、履行期限、履行地点和方式、违约责任和解决争议方法等的变更，是对要约内容的实质性变更。

承诺对要约的内容作出非实质性变更的，除要约人及时表示反对或者要约表明承诺不得对要约的内容作出任何变更的以外，该承诺有效，合同的内容以承诺的内容为准。

当事人采用合同书形式订立合同的，自双方当事人签字或者盖章时合同成立。

当事人采用信件、数据电文等形式订立合同的，可以在合同成立之前要求签订确认书。签订确认书时合同成立。承诺生效的地点为合同成立的地点。

（三）仓储合同的生效和无效

仓储合同为诺成性合同，在合同成立时就生效，具体表现为：双方签署合同书；合同认定书送达对方；受要约方的承诺送达对方；公共保管人签发格式合同或仓单；存货人将仓储物交付保管人，保管人接收。无论仓储物是否交付存储，仓储合同自成立时生效。

无效仓储合同，是指因违反法律、法规要求，国家不予承认和保护的不发生法律效力的仓储合同。无效仓储合同具有违法性、不得履行性、自始无效性等特征。

无效仓储合同分为全部无效的仓储合同与部分无效的仓储合同。

无效合同情形：

（1）一方以欺诈、胁迫的手段订立合同，损害国家利益。

（2）恶意串通、损害国家、集体或者第三人利益。

（3）以合法形式掩盖非法目的。

（4）损害社会公共利益。

（5）违反法律、行政法规的强制性规定。

六、仓储合同的变更、解除

（一）仓储合同的变更

仓储合同的变更是指对已经合法成立的仓储合同的内容在原来合同的基础上进行修改或者补充。仓储合同的变更并不改变原合同关系，是原合同关系基础上的有关内容的修订。

（二）仓储合同的解除

仓储合同的解除是指仓储合同订立后，在合同尚未履行或者尚未全部履行时，一方当事人提前终止合同，从而使原合同设定的双方当事人的权利义务归于消灭。它是仓储合同终止的一种情形。

仓储合同解除的方式：①存货人与保管人协议解除合同；②仓储合同依法律的规定而解除。仓储合同解除的法律后果：①终止履行；②采取补救措施；③赔偿损失。

七、仓储合同当事人的权利和义务

仓储合同当事人的权利与义务是合同当事人在履行合同过程中有权要求对方采取的行为和自身需要进行的行为或不行为。当事人的权利和义务来自于合同的约定和法律的规定。

（一）存货人的权利与义务

1.存货人的义务

（1）告知义务。存货人的告知义务包括两个方面：对仓储物完整的明确告知和瑕疵告知。所谓完整告知，是指在订立合同时存货人要完整细致地告知保管人仓储物的准确名称、数量、包装方式、性质、作业保管要求等涉及验收、作业、仓储保管、交付的资料，特别是危险货物，存货人还要提供详细的说明资料。存货人未明确告知的仓储物属于夹带品，保管人可以拒绝接受。

所谓瑕疵，包括仓储物及其包装的不良状态、潜在缺陷、不稳定状态等已存在的缺陷或将会发生损害的缺陷。保管人了解仓储物所具有的瑕疵可以采取针对性的操作和管理，以避免发生损害和危害。

（2）妥善处理和交存货物。存货人应对仓储物进行妥善处理，根据性质进行分类、分储，根据合同约定妥善包装，使仓储物适合仓储作业和保管。存货人应在合同约定的时间向保管人交存仓储物，并提供验收单证。交存仓储物不是仓储合同生效的条件，而是存货人履行合同的义务。存货人未按照约定交存仓储物，构成违约。

（3）支付仓储费和偿付必要费用。存货人应根据合同约定按时、按量地支付仓储费，否则构成违约。如果存货人提前提取仓储物，保管人不减收仓储费。如果存货人逾期提取，应加收仓储费。由于未支付仓储费，保管人有对仓储物行使留置权的权利，即有权拒绝将仓储物交还存货人或应付款人，并可通过拍卖留置的仓储物等方式获得款项。

仓储物在仓储期间发生的应由存货人承担责任的费用支出或垫支费，如保险费、货物自然特性的损害处理费用、有关货损处理、运输搬运费、转仓费等，存货人应及时支付。

（4）及时提货。存货人应按照合同的约定，按时将仓储物提离。保管人根据合同的约定安排仓库的使用计划，如果存货人未将仓储物提离，会使得保管人已签订的下一个仓储合同无法履行。

2.存货人的权利

（1）查验，取样权。在仓储保管期间存货人有对仓储物进行查验、取样查验的权利，能提取合理数量的样品进行查验。由于查验，当然会影响保管人的工作，取样还会造成仓储物的减量，但存货人合理进行的查验和取样，保管人不得拒绝。

（2）保管物的领取权。当事人对保管期间没有约定或约定不明确的，保管人可以随时要求寄存人领取保管物；约定不明确的，保管人无特别事由，不得要求寄存人提前领取保管物，但存货人可以随时领取保管物。

（3）获取仓储物孳息的权利。《合同法》地377条规定：“保管期间届满或者寄存人提前领取保管物的，保管人应当将原物及其孳息归还寄存人。”可见，如果仓储物在保管期间产生了孳息，存货人有权获取该孳息。

（二）保管人的权利和义务

1.保管人的义务

（1）提供合适的仓储条件。仓储人经营仓储保管的先决条件就是具有合适的仓储保管条件，有从事保管货物的保管设施和设备，包括适合的场地、容器、仓库、货架、作业搬运设备、计量设备、保管设备、安全保卫设施等条件。同时还应配备一定的保管人员、商品养护人员，制定有效的管理制度和操作规程等。同时保管人所具有的仓储保管条件还要适合所要进行保管的仓储物的相对仓储保管要求，如保存粮食的粮仓、保存冷藏货物的冷库等。保管人若不具有仓储保管条件，则构成根本违约。

（2）验收货物。保管人应该在接受仓储物时对货物进行理货、计数、查验，在合同约定的期限内检验货物质量，并签发验货单证。验收货物按照合同约定的标准和方法，或者按照习惯的、合理的方法进行。保管人未验收货物推定为存货人所交存的货物完好，保管人也要返还完好无损的货物。

（3）签发仓单。保管人在接受货物后，根据合同的约定或者存货人的要求，及时向存货人签发仓单。在存期届满，根据仓单的记载向仓单持有人交付货物，并承担仓单所明确的责任。保管人根据实际收取的货物情况签发仓单。保管人应根据合同条款确定仓单的责任事项，避免将来向仓单持有人承担超出仓储合同所约定的责任。

（4）合理化仓储。保管人应在合同约定的仓储地点存放仓储物，并充分使用先进的技术、科学的方法、严格的制度，高质量地做好仓储管理。使用适合于仓储物保管的仓储设施和设备，如容器、货架、货仓等，从谨慎操作、妥善处理、科学保管和合理维护等各方面做到合理化仓储。保管人对于仓储物的保管承担责任，因其保管不善所造成的仓储物在仓储期间发生损害、灭失，除非保管人能证明损害是由于货物性质、包装不当、超期等以及其他免责原因造成的，否则保管人要承担赔偿责任。

（5）返还仓储物及其孳息的义务。保管人应在约定的时间和地点向存货人或仓单持有人交还约定的仓储物。仓储合同没有明确存期和交还地点的，存货人或仓单持有人可以随时要求提取，保管人应在合理的时间内交还存储物。作为一般仓储合同，保管人在交返仓储物时，应将原物及其孳息、残余物一同交还。

（6）危险告知义务。当仓储物出现危险时，保管人应及时通知存货人或仓单持有人，并有义务采取紧急措施处置，防止危害扩大，包括在货物验收时发现不良情况、发生不可抗力损害、仓储物的变质、仓储事故的损坏以及其他涉及仓储物所有权的情况，都应该告知存货人或仓单持有人。

2.保管人的权利

（1）收取仓储费的权利。仓储费是保管人订立合同的目的，是对仓储物进行保管所获得的报酬，是保管人的合同权利。保管人有权按照合同约定收取仓储费或在存货人提货时收取仓储费。

（2）保管人的提存权。储存期间届满，存货人或者仓单持有人不提取货物的，保管人可以催告其在合理期限内提取，逾期不提取的，保管人可以提存仓储物。所谓提存，是指债权人无正当理由拒绝接受履行或下落不明，或数人就同一债权主张权利，债权人一时无法确定，致使债务人难于履行债务，经公证机关证明或法院的裁决，债务人可将履行的标的物提交有关部门保存。一经提存即认为债务人已经履行了其义务，债权债务关系即行终止。债权人享有向提存物的保管机关要求提取标的物请求权，但须承担提存期间标的物损毁灭失的风险并支付因提存所需要的保管或拍卖等费用，且提取请求权自提存之日起5年内不行使而消灭。

提存程序一般来说，首先应由保管人向提存机关呈交提存申请书。在提存书上应当载明提存的理由、标的物的名称、种类、数量以及存货人或提单所有人的姓名、住所等内容。其次，仓管人应提交仓单副联、仓储合同副本等文件，以此证明保管人与存货人或提单持有人的债权债务关系。此外保管人还应当提供证据证明自己催告存货人或仓单持有人提货而对方没有提货，致使该批货物无法交付其所有人。

（3）验收货物的权利。验收货物不仅是保管人的义务，也是保管人的一项权利。保管人有权对货物进行验收，在验收中发现货物溢短，对溢出部分可以拒收，对于短少的有权向存货人主张违约责任。对于货物存在的不良状况，有权要求存货人更换、修理或拒绝接受，否则需如实编制纪录，以明确责任。

（三）违约责任和免责

1.仓储合同违约行为的表现形式

（1）拒绝履行。拒绝履行是指仓储合同的义务一方当事人无法律或约定根据而不履行义务的行为。仓储合同不履行的表现，不以明示为限，单方毁约、没有履行义务的行为、将应当交付的仓储物作其他处分等，均可以推断为不履行义务的表现。如存货人在储存期间届至时，保管人履行了储存与保管义务后，不支付仓储费；保管人在约定的期限内不返还仓储物或将仓储物挪作他用等。如果仓储合同的义务人拒绝履行义务，权利人有权解除合同；给权利人造成损失的，权利人有权请求义务人赔偿其损失。

（2）履行不能。仓储合同的履行不能是指当事人应履行义务的一方无力按合同约定的内容履行义务。履行不能可能由于客观原因不能履行，如仓储物因毁损、灭失而不能履行；也可能是由于主观过错而不能履行义务，如保管人将仓储物返还给存货人。履行不能的情况自仓储合同成立时就已经存在的，则为原始不能；如果是在合同关系成立以后才发生的，则为嗣后不能，如仓储物于交付前灭失。如果仓储物只灭失部分，则为部分不能；如果全部灭失的，则为全部不能。由于自己的原因而不能履行义务的，为事实上的不能；由于法律上的原因而不能履行义务的，为法律上的不能。

仓储合同不同种类的履行不能，其后果亦不相同，但总的来说，除自始的客观不能及原始的法律不能外，其他各项履行不能，将产生以下法律后果：①权利人可以请求赔偿损失。由于保管人的违约导致履行不能，存货人可以要求解除合同，追究保管人的违约责任。如果是因存货人违约导致履行不能，保管人可追究其违约责任。②属一时履行不能的，权利人可请求赔偿损失、解除合同、追究义务人的违约责任；可以继续履行的，则可要求继续履行并追究其迟延责任。

（3）履行迟延。因可归责于义务人的原因，未在履行期内履行义务的行为，为履行迟延。在仓储合同中，保管人未在合同规定的期限内返还仓储物，存货人未按时将货物入库，未在约定的期限内支付仓储费用等行为均属于履行迟延。履行迟延具有以下特征：①义务人未在履行期限内履行义务；②义务人有履行能力，如果义务人无履行能力，则属于履行不能；③其行为具有违法性。

义务人履行迟延，经催告后在合同期限内的未履行，权利人可以解除合同、请求义务人支付违约金和赔偿损失。

（4）履行不适当。履行不适当，即未按法律规定、合同约定的要求履行的行为。在仓储合同中，在货物的入库、验收、保管、包装、货物的出库等任何一个环节未按法律规定或合同的约定去履行，即属不适当履行。由于履行不适当不属于真正的履行，因此作为仓储合同权利主体的一方当事人，可以请求补正，要求义务人承担违约责任，支付违约金并赔偿损失，此外还可以根据实际情况要求解除合同。

2.仓储合同的违约责任及其承担方式

仓储合同的违约责任是指仓储合同的当事人在存在仓储违约行为时所应该依照法律或者双方的约定而必须承担的民事责任。通过法定的和合同约定的违约责任的承担，增加违约成本，弥补被违约方的损失，减少违约的发生，有利于市场的稳定和秩序。违约责任往往以弥补对方的损失为原则，违约方需对对方的损失，包括直接造成的损失和合理预见的利益损失给予弥补。违约责任的承担方式有支付违约金、损害赔偿、继续履行、采取补救措施等。

（1）支付违约金。违约金是指一方违约应当向另一方支付的一定数量的货币。从性质上而言，违约金是“损失赔偿额的预定”，具有赔偿性，同时，又是对违约行为的惩罚，具有惩罚性。在仓储合同中，赔偿性违约金是指存货人与保管人对违反仓储合同可能造成的损失而做出的预定的赔偿金额。当一方当事人违约给对方当事人造成某种程度的损失，而且这种数额超过违约金数额时，违约的一方当事人应当依照法律规定实行赔偿，以补足违约金不足部分。惩罚性违约金，是指仓储合同的一方当事人违约后，不论其是否给对方造成经济损失，都必须支付的违约金。

（2）损害赔偿。损害赔偿是指合同的一方当事人在不履行合同义务或履行合同义务不符合约定的情形下，在违约方履行义务或者采取其他补救措施后，在对方还有其他损失时，违约方承担赔偿损失的责任。作为承担违反合同责任的形式之一，损害赔偿最显著的性质特征即为补偿性。合同约定有违约金的情况，损害赔偿的赔偿金是用来补偿违约金的不足部分，如果违约金已能补偿经济损失，就不再支付赔偿金。但是如果合同没有约定违约金，只要造成了损失，就应向对方支付赔偿金。由此可见，赔偿金是对受害方实际损失的补偿，是以弥补损失为原则的。

受害方的实际损失包括直接经济损失和间接经济损失。直接经济损失，又称实际损失，是指仓储合同的一方当事人因对方的违法行为所直接造成的财物的减少。如仓储合同中仓储物本身灭失或毁损，为处理损害后果的检验费、清理费、保管费、劳务费或采取其他措施防止损害事态继续扩大的直接费用支出等。

间接经济损失是指因仓储合同一方当事人的违约行为而使对方失去实际上可以获得的利益。它包括：利润的损失，主要是指被损害的财产可以带来的利润；利息的损失、自然孳息的损失等。

尽管违约方承担的是完全赔偿责任，但是损害赔偿也不能超过违反合同一方当事人于订合同时预见到或者应当预见到的因违反合同可能造成的损失。因此，在确定损害赔偿责任时，应注意避免损害赔偿的扩大。在违约行为发生时，受害一方当事人有及时采取防止损失扩大的义务，没有及时采取措施致使损失扩大的，无权就扩大的部分要求赔偿。

（3）继续履行。继续履行是指一方当事人在不履行合同时，对方有权要求违约方按照合同规定的标的履行义务，或者向法院请求强制违约方按照合同规定的标的履行义务，而不得以支付违约金和赔偿金的办法代替履行。

（4）采取补救措施。所谓补救措施是指在违约方给对方造成损失后，为了防止损失的进一步扩大，由违约方依照法律规定承担的违约责任形式，如仓储物的更换、补足数量等。从广义而言，各种违反合同的承担方式，如损害赔偿、违约金、继续履行等，都是违反合同的补救措施，它们都是使一方当事人的合同利益在遭受损失的情况下能够得到有效的补偿与恢复。因此，这里所称的采取补救措施仅是从狭义上而言，是上述补救措施之外的其他措施。在仓储合同中，这种补救措施表现为当事人可以选择偿付额外支出的保管费、保养费、运杂费等方式，一般不采取实物赔偿方式。

（5）定金惩罚。定金是《中华人民共和国担保法》规范的一种担保方式。在订立合同时，当事人可以约定采用定金的方式来担保合同的履行。在履约前，由于一方向另一方先行支付定金，在合同履行完毕后，收取定金一方退还定金或抵作价款。当合同未履行时，支付定金一方违约的，定金不退还，收取定金一方违约的双倍退还定金。

3.仓储合同违约责任的免除（仓储合同当事人的免责）

免责又称为免除民事责任，是指不履行合同或法律规定的义务，致使他人财产受到损害时，由于有不可归责于违约方的事由，法律规定违约方可以不承担民事责任的情况。仓储合同订立后，如果客观上发生了某些情况阻碍了当事人履行仓储合同义务，这些情况如果符合法律规定的条件，违约方的违约责任就可以依法免除。

（1）不可抗力。不可抗力是指当事人不能预见、不能避免并且不能克服的客观情况。它包括自然灾害和某些社会现象。前者如火山爆发、地震、台风、冰雹和洪水侵袭等，后者如战争、罢工等。因不可抗力造成仓储保管合同不能履行或不能完全履行，违约方不承担民事责任。

（2）仓储物自然特性。根据《合同法》及有关规定，由于储存货物本身的自然性质和合理损耗，造成货物损失的，当事人不承担责任。如原我国内贸部发布的《国家粮油仓库管理办法》中规定，一般粮食保管自然损耗率（即损耗量占入库量的百分比）为：保管时间在半年以内的，不超过0.10%；保管时间在半年以上至1年的，不超过0.15%；保管时间在1年以上直至出库，累计不超过0.20%。因此在此范围内的损耗属于合理损耗，保管人对此不承担任何责任。

（3）存货人的过失。由于存货人的原因造成仓储物的损害，如包装不符合约定、未提供准确的验收资料、隐瞒和夹带、存货人的错误指示和说明等，保管人不承担赔偿责任。

（4）合同约定的免责。基于当事人的利益，双方在合同中约定免责事项，对负责事项造成的损失，不承担互相赔偿责任。如约定货物入库时不验收重量，则保管人不承担重量短少的赔偿责任；约定不检验货物内容质量的，保管人不承担非作业保管不当的内容变质损坏责任。

附1：仓储合同范本

附2：中华人民共和国合同法（仓储合同部分）

附1

仓储合同范本

合同编号：________________

保管人：________________ 签订地点：________________

存货人：________________ 签订时间：______年_____月_____日

第一条 仓储物

品名	品种规格	性质	数量	质量	包装	件数	标记

第二条 储存场所、储存物占用仓库位置及面积：________________

____

第三条 仓储物（是／否）有瑕疵。瑕疵是：________________

____

第四条 仓储物（是／否）需要采取特殊保管措施。特殊保管措施是：

____

第五条 仓储物入库检验的方法、时间与地点：________________

____

第六条 存货人交付仓储物后，保管人应当给付仓单。

第七条 储存期限：从_______年______月______日至______年______月______日。

第八条 仓储物的损耗标准及计算方法：

____

第九条 保管人发现仓储物有变质或损坏的，应及时通知存货人或仓单持有人。

第十条 仓储物（是／否）已办理保险，险种名称：________________；保险金额：__________；保险期限：__________；保险人名称：__________。

第十一条 仓储物出库检验的方法与时间：

____

第十二条 仓储费（大写）：____________________________元。

第十三条 仓储费结算方式与时间：________________

____

第十四条 存货人未向保管人支付仓储费的，保管人（是／否）可以留置仓储物。

第十五条 违约责任：____

____

____

第十六条 合同争议的解决方式：本合同在履行过程中发生的争议，由双方当事人协商解决；也可由当地工商行政管理部门调解；协商或调解不成的，按下列第________种方式解决：

（一）提交____________________仲裁委员会仲裁。

（二）依法向人民法院起诉。

第十七条 其他约定事项：____

____

____

____

存货人	保管人	签（公）证意见：
存货人（章）：	保管人（章）：	
住所：	住所：	
法定代表人：	法定代表人：	
委托代理人：	委托代理人：	
电话：	电话：	
开户银行：	开户银行：	签（公）证机关（章）
账号：	账号：	经办人：
邮政编码：	邮政编码：	年　　月　　日

附2　　中华人民共和国合同法（仓储合同部分）

第三百八十一条　仓储合同是保管人储存存货人交付的仓储物，存货人支付仓储费的合同。

第三百八十二条　仓储合同自成立时生效。

第三百八十三条　储存易燃、易爆、有毒、有腐蚀性、有放射性等危险物品或者易变质物品，存货人应当说明该物品的性质，提供有关资料。

存货人违反前款规定的，保管人可以拒收仓储物，也可以采取相应措施以避免损失的发生，因此产生的费用由存货人承担。

保管人储存易燃、易爆、有毒、有腐蚀性、有放射性等危险物品的，应当具备相应的保管条件。

第三百八十四条　保管人应当按照约定对入库仓储物进行验收。保管人验收时发现入库仓储物与约定不符合的，应当及时通知存货人。保管人验收后，发生仓储物的品种、数量、质量不符合约定的，保管人应当承担损害赔偿责任。

第三百八十五条　存货人交付仓储物的，保管人应当给付仓单。

第三百八十六条　保管人应当在仓单上签字或者盖章。仓单包括下列事项：

（一）存货人的名称或者姓名和住所；

（二）仓储物的品种、数量、质量、包装、件数和标记；

（三）仓储物的损耗标准；

（四）储存场所；

（五）储存期间；

（六）仓储费；

（七）仓储物已经办理保险的，其保险金额、期间以及保险人的名称；

（八）填发人、填发地和填发日期。

第三百八十七条　仓单是提取仓储物的凭证。存货人或者仓单持有人在仓单上背书并经保管人签字或者盖章的，可以转让提取仓储物的权利。

第三百八十八条　保管人根据存货人或者仓单持有人的要求，应当同意其检查仓储物或者提取样品。

第三百八十九条　保管人对入库仓储物发现有变质或者其他损坏的，应当及时通知存货人或者仓单持有人。

第三百九十条　保管人对入库仓储物发现有变质或者其他损坏，危及其他仓储物的安全和正常保管的，应当催告存货人或者仓单持有人作出必要的处置。因情况紧急，保管人可以作出必要的处置，但事后应当将该情况及时通知存货人或者仓单持有人。

第三百九十一条　当事人对储存期间没有约定或者约定不明确的，存货人或者仓单持有人可以随时提取仓储物，保管人也可以随时要求存货人或者仓单持有人提取仓储物，但应当给予必要的准备时间。

第三百九十二条 储存期间届满，存货人或者仓单持有人应当凭仓单提取仓储物。存货人或者仓单持有人逾期提取的，应当加收仓储费；提前提取的，不减收仓储费。

第三百九十三条 储存期间届满，存货人或者仓单持有人不提取仓储物的，保管人可以催告其在合理期限内提取，逾期不提取的，保管人可以提存仓储物。

第三百九十四条 储存期间，因保管人保管不善造成仓储物毁损、灭失的，保管人应当承担损害赔偿责任。因仓储物的性质、包装不符合约定或者超过有效储存期造成仓储物变质、损坏的，保管人不承担损害赔偿责任。

第三百九十五条 本章没有规定的，适用保管合同的有关规定。

项目三 仓单业务操作

导入案例

仓单质押

王先生是做大宗物资生意的，几天前王先生的公司订了一大单的生产资料，可是风云突变，市场上棉花看好，王先生面对着商机不甘心错过，正当为没有资金犯愁时，看见了典当行可以进行仓单、大宗物资典当业务的介绍，于是赶快来到该典当行洽谈该项业务，双方谈妥以后，王先生将自己的货物存入了典当行指定的仓库后，即持仓单在该典当行获取了质押贷款，待王先生在棉花生意上获利后，再来到典当行赎当，取回自己的货物。王先生就是利用现有库存仓单进行快速融资，经销紧俏品种而获利的典型代表。

【案例点评】王先生可以利用现有库存仓单质押进行快速融资。仓单质押是仓单业务的一种，通过下面的学习，可以更全面地了解仓单业务，做好仓储经营工作。

学习指南

【学习目标】

知识目标

1.掌握仓单的内涵

2.掌握仓单业务

能力目标

1.能够正确签发仓单

2.能够正确开展仓单其他业务

【学习重点】

1.仓单的内容

2.仓单业务

【学习难点】

仓单业务

工作任务

职场情境：依据上节课小组签订的仓储合同，将相应货物存入仓库。

任务要求：根据合同内容及货物入库情况填写仓单。

知识导航

仓单业务操作

一、仓单的概念、性质和功能

（一）仓单的概念与性质

《合同法》第385条规定："存货人交付仓储物的，保管人应当给付仓单。"所谓仓单，是指保管人在接收仓储物后签发的表明一定数量的保管物已经交付仓储保管的法律文书。

仓单的法律特性体现在以下几个方面。

1.仓单是提货凭证

仓储保管人保证向仓单持有人交付仓储物。在提取仓储物时提货人必须向保管人出示仓单，并在提货后将仓单交回保管人注销。没有仓单不能直接提取仓储物。

2.仓单是所有权的法律文书

保管人在检验并接收货物后向存货人签发的仓单，表明仓储物的所有权并没有转移给保管人，只是将仓储物的保管责任转交给保管人，通过保管人签发的仓单作为仓储物的所有权文书，并由存货人或其他持有人持有。

3.仓单是有价证券

仓单是仓储物的文件表示，仓储保管人依据仓单返还仓储物，占有仓单表示占有仓储物，也就意味着占有了被仓储的财产和该财产所包含的价值。

4.仓单是仓储合同的证明

仓单本身并不是仓储合同，当双方没有订立合同时，仓单作为仓储合同的书面证明，证明合同关系的存在，存货人和保管人按照仓单的记载承担合同责任。

（二）仓单的功能

1.保管人承担责任的证明

仓单的签发意味着仓储保管人接管仓储物，对仓储物承担保管责任，保证在仓储期满向仓单持有人交还仓单上所记载的仓储物，并对仓储物在仓储期间发生的损害或灭失承担赔偿责任。

2.物权证明

仓单作为提货的凭证就意味着合法获得仓单的仓单持有人具有该仓单上所记载的仓储物的所有权，但这种所有权是一种确定的物权，只表示占有该仓单上所描述的具体"物"，并不意味着固定的价值。

3.物权交易

仓储物交给保管人保管后，保管人占有仓储物，但是仓储物的所有权仍然属于存货人，存货人有权依法对仓储物进行处理，可以转让仓储物，这是存货人行使所有权的权利。但在保管人签发仓单的情形之下，存货人和保管人达成了凭仓单提货的契约，保管人可以拒绝仓单持有人之外的其他人行使提货权，因而存货人要进行存储物转让就必须将仓单转让。另一方面，对于存货人在获得仓单后需要转让仓储物时，如果要通过取出仓储物进行实物交割显然是极为烦琐且不经济的，为了便利和节省交易费用，存货人可以通过直接转让仓单的方式转让仓储物，由受让人凭仓单提货，通过仓单转让即可以实现仓储物所有权的转让交易，又不涉及仓储物的保管和交接，是一种简便和经济的方法。仓单转让机制的基础在于仓储保管人对于仓储物的理货验收、对仓储物的完整性承担责任及对所签发仓单的提货保证。（具体见三、仓单业务）

4.融资和担保工具

由于仓单具有的物权功能，仓单也代表着仓储物的价值，成为有价证券，可以作为一定价值的担保，因而仓单可以作为抵押、财产保证的融资工具和其他的信用保证。在期货交易市场上，仓单转让和交割是交易的核心部分。

二、仓单的形式与内容

仓单作为收取仓储物的凭证和提取仓储物的凭证，依据法律规定还具有转让或出质的记名物权证券的流动属性，它应当具备一定形式，其记载事项必须符合《合同法》及物权凭证的要求，使仓单关系人明确自己的权利并适当行使自己的权利。

仓单由保管人提供。仓储经营人准备好仓单簿，仓单簿为一式两联，第一联为仓单，在签发后交给存货人；第二联为存根，由保管人存好，以便核对仓单。

根据《合同法》第386条的规定，保管人应当在仓单上签字或者盖章，仓单包括下列事项：①保管人的签字或者盖章；②存货人的名称及住所；③仓储的品种、数量、质量、包装、件数和标记等物品状况，以便作为物权凭证，代物流通；④仓储物的损耗标准；⑤储存场所和储存期间；⑥仓储费及仓储费的支付与结算事项；⑦若仓储物已经办理保险的，仓单中应写明保险金额、保险期间及保险公司的名称；⑧仓单的填发人、填发地和填发的时间。

仓单是由保管人在收到仓储物时向存货人签发的表示已经收到一定数量的仓储物的法律文书，目前是由各仓储单位自行编制的，因此没有统一的格式。

附　仓单示例

1.通用仓储仓单示例

仓单正面（此仓单背面无内容）

凭单提货

×××公司仓单

填发日期（大写）　　年　月　日　　　　NO.______

存货人：________________　　账号：________________

储存期：________至________　　仓库地址：________________

仓储物名称	规格	单位	数量	包装	体积	重量	备注

正本提货联

货值合计金额（大写）　　　　　　　　　　¥（小写）

注：仓储物（已/未）办理保险，

保管人（签章）　　　　　　　　保险金额¥________元，

保险期限________，保险人：____________。

记账：　　　　　　　　复核：

______________________骑缝章加盖处______________________

（附件粘贴处）

2.金融仓储仓单示例

仓单正面：

凭单提货

×××公司仓单

填发日期（大写）　　年　月　日　　NO_____.

存货人：______________　　账号：______________

储存期：________至________　　仓库地址：______________

仓储物名称	规格	单位	数量	包装	标记	仓储费率	备注
货值合计金额（大写）							¥（小写）

正本提货联

注：仓储物（已/未）办理保险，

保管人（签章）　　保险金额¥________元，

保险期限________，保险人：____________。

记账：　　复核：

______________________骑缝章加盖处______________________

（附件粘贴处）

仓单背面：

被背书人	被背书人	被背书人
背书人签章 年　月　日	背书人签章 年　月　日	背书人签章 年　月　日
保管人签章 年　月　日	保管人签章 年　月　日	保管人签章 年　月　日

（贴粘单处）

持单人向公司　　　　　　　　　　　　身份证件名称：
提示取货签章：　　　　　　　　　　　号　　码：
　　　　　　　　　　　　　　　　　　发 证 机 关：

表2-1是某仓储企业仓单的正面，表2-2是该仓单的反面。

表 2-1　　　　仓单（正面）

公司名称： 公司地址：						
电话： 账号： 储货人： 银主名称：				传真： 批号： 发单日期： 起租日期：		
兹收到下列货物依本公司条款（见后页）储仓						
唛头及号码	数量	所报货物	每件收费	每月仓租	进仓费	出仓费
总件数：				经手人：		
总件数（大写）：						
备注： 核对人：						

表2-2　　　　　　　　　　　　　　　　仓单（反面）

存货记录					
日期	提单号码	提货单位	数　量	结　余	备　注

储货条款

一、本仓库所载之货物种类、唛头、箱号等，均系按照储货人所称填写，本公司对货物内容、规格等概不负责。

二、货物在入仓交接过程中，若发现与储货方填列内容不符，我公司有权拒收。

三、本仓库不储存危险物品，客户保证入库货物绝非为危险品，如果因储货人的货物品质危及我公司其他货物造成损失时，储货方必须承担因此而产生的一切经济赔偿责任。

四、本仓单有效期一年，过期自动失效。已提货之分仓单和提单档案保留期亦为一年。期满尚未提清者，储货人须向本公司换领新仓单。本仓单须经我公司加印硬印方为有效。

五、客户（储货人）凭背书之仓单或提货单出货。本公司收回仓单和分提单，证明本公司已将该项货物交付无误，本公司不再承担责任。

三、仓单业务

（一）仓单的签发

仓单由保管人向存货人签发。存货人要求保管人签发仓单时，保管人必须签发仓单。当存货人将仓储物交给保管人时，保管人对仓储物进行查验和理数，确认仓储物的状态，在全部仓储物收妥后，填制并签发仓单。保管人在填制仓单时必须将所接收的仓储物的实际情况如实记录在仓单上，特别是对仓储物的不良状况更是要准确描述，以便到期时能按仓单的记载交付仓储物。经保管人签署的仓单才能生效。

保管人对仓储物不良状态的批注必须实事求是，且准确、明确。当存货人不同意批注时，如果仓储物的瑕疵不影响仓储物的价值或质量等级，保管人可以接受存货人的担保而不批注，否则就必须批注，或者拒绝签发仓单。

（二）仓单份数

根据《合同法》规定，仓储保管人只签发一式两份仓单，一份为正式仓单，交给存货人；另一份为存底单，由保管人保管。仓单副本则根据业务需要复制相应份数，得需注明为“副本”。

（三）仓单的分割

存货人将一批仓储物交给保管人时，因为转让的需要，要求保管人签发分为几份的仓单，或者仓单持有人要求保管人将原先的一份仓单分拆成多份仓单以便向不同人转让，这就遇到仓单的分割业务。仓单的分割不仅只是单证的处理，还意味着保管人需要对仓储物进行分劈，且达成对残损、地脚货的分配协议并对分割后的仓单持有人有约束力，分割后仓单的仓储物总和数与仓储物总数相同。保管人对已签发出的仓单进行分割后，必须将原仓单收回。

（四）仓单转让

仓单持有人需要转让仓储物时，可以通过背书转让的方式进行仓储物转让。仓单转让生效的条件为：①背书过程完整；②经保管人签署。

1.背书转让方法

作为记名单证，仓单的转让采取背书转让的方式进行。仓单转让的出让人为背书人，受让人为被背书人。背书格式为：

兹将本仓单转让给×××（被背书人的完整名称）

×××（背书人的完整名称）

背书经办人签名、日期

仓单可以进行多次背书转让，第一次背书的存货人为第一背书人。在第二次转让时，第一次被背书人就成为第二背书人。因而背书过程是衔接的完整过程，任何参与该转让的人都要在仓单的背书过程中记载下来。

2.保管人签署

存货人将仓单转让，意味着保管人需要对其他人履行仓储义务，保管人与存货人订立仓储合同的意境和氛围都因仓单的转让而发生改变。保管人对仓单受让人履行仓单义务，需要了解义务对象的变化，对仓单受让人行使仓单权利也需要对债务人有足够的信任，因而需要对仓单的转让给予认可，所以仓单的转让需要保管人签署，受让人方可凭仓单提取仓储物。

（五）凭仓单提货

在保管期满或者经保管人同意的提货时间，仓单持有人向保管人提交仓单并出示身份证明，经保管人核对无误后，保管人给予办理提货手续。

1.核对仓单

保管人核对提货人所提交的仓单和自身的存底仓单，确定仓单的真实性；查对仓单背书的完整性，过程衔接是否清楚；核对仓单上的存货人或者被背书人与其所出示的身份证明是否一致。

2.提货人缴纳费用

仓单记载由提货人缴纳仓储费用的，提货人按约定支付仓储费；根据仓储合同约定并记载在仓单上的仓储物在仓储期间发生的仓储人的垫费、为仓储物所有人利益的支出、对仓储人或其他人所造成的损害赔偿等费用核算准确后由提货人偿付。

3.保管人签发提货单证并安排提货

保管人收取费用、收回仓单后，签发提货单证，安排货物出库准备。

4.提货人验收仓储物

提货人根据仓单的记载与保管人共同查验仓储物，签收提货单证，收取仓储物。如果查验时发现仓储物状态不良，应现场编制记录，并要求保管人签署，必要时可申请商品检验，以备事后索赔。

（六）仓单灭失的提货

仓单因故损毁或灭失，将会出现无单提货的现象。原则上提货人不能提交仓单，保管人不能交付货物，无论对方是合同订立人还是其他人。因为保管人签发出仓单就意味着承认只能对仓单承担交货的责任，不能向仓单持有人交付存储物就需要给予赔偿。

但在特殊情况下，也可以进行提货行为。仓单灭失的提货方法为：

1.通过人民法院的公示催告使仓单失效

根据《中华人民共和国民事诉讼法》，原仓单持有人或者仓储合同人可以申请人民法院对仓单进行公示催告。当60天公示期满无人争议时，人民法院可以判决仓单无效，申请人可以向保管人要求提取仓储物。在公示期内有人争议，则由法院审理判决，确定有权提货人，并凭法院判决书提货。

2.提供担保提货

提货人向保管人提供仓储标的物的担保后提货，由保管人掌握担保财产，将来另有人出示仓单而不能交货需要赔偿时，保管人使用担保财产进行赔偿。该担保在可能存在的仓单失效后，方可解除担保。

（七）不记名仓单

如果保管人和存货人达成协议，由保管人签发不记名仓单，则所签发的仓单的存货人项就可以为空白。不记名仓单在转让时无须背书，存期届满由持有人签署，并出示同样的身份证明就能提货。不记名仓单不能提前提货。使用不记名仓单的存货人和保管人双方都存在一定的风险，仓储保管人不能控制仓单的转让，也不知道将来要向谁交货，而仓单持有人遗失仓单就等于遗失仓储物。

在仓单的存货人项不填写真正的存货人或所有人，而只填写通知人或者经手人等非实际仓储物的所有人的仓单也属于不记名仓单。

【案例分析】

某水果店诉某仓储公司仓单与仓储合同不符纠纷案

某水果店与某仓储公司签订了一份仓储合同，合同约定仓储公司为水果店储存水果5吨，仓储期间为1个月，仓储费为5000元，自然耗损率为百分之四。水果由存货人分批提取。合同签订以后，水果店按照约定将水果交给仓储人储存，入库过磅为50100千克。仓储公司在接受货物以后，向水果店签发了仓单。在按照双方的仓储合同填写仓单过程中，由一人读合同的条款，另一人填写，由于该合同的工作人员的发音有方言的口音，填写人将自然耗损率误写为百分之十，存货人也没有多看就将仓单取走。合同到期以后，存货人持仓单向仓储公司提货，出库过磅时发现水果仅有46000千克。扣除百分之四的自然耗损以后还短缺2096千克，于是，水果店要求仓储公司赔偿损失。仓储公司认为仓单上写明的自然耗损率为百分之十，因此剩余46000千克并没有超出自然耗损的范围，因此不存在赔偿问题。双方争执不下，水果店向法院起诉，要求仓储公司赔偿。

原告认为，仓储合同中约定自然耗损率为百分之四，仓单上的百分之十是由于被告工作人员的笔误所致，因此被告应当按照合同的约定履行义务。被告交付的水果仅有46000千克，扣除自然耗损以后还短缺2096千克，根据《合同法》第394条的规定，仓储人应当对此承担赔偿责任。被告认为，根据《合同法》第387条的规定，仓单是提取货物的凭证，因此只要我方交付的货物符合仓单的内容就已经履行自己的合同义务，不再承担赔偿责任。仓单上记载的自然耗损率为百分之十，现在实际的损耗4100千克并没有超出仓单规定的耗损的范围，因此我方不应当承担赔偿责任。

法院审理认为，根据《合同法》第387条的规定，仓单是提取货物的根据，因此保管人员只要按照仓单的规定交付了货物，就不在承担赔偿责任，仓单上写明的自然耗损率为百分之十，因此被告交付了46000千克的水果，并没有超过规定的自然耗损率，因此不承担赔偿责任，据此法院判决驳回原告的起诉。

案件评析：

审理本案的关键在于正确的处理仓单和仓储合同的关系。通常情况下，仓单是无因有价证券，因此一旦开出就与产生该仓单的原因关系脱离，不再受原因关系的影响。也就是说，一旦仓单开出，就具有相应的效力，不论仓储合同的效力如何，对仓单都不能构成影响。保管人只要按照仓单的内容交付了货物就已经履行了自己的义务，这也是本案的审理法院作出判决的理由。但是仓单的这种无因性并不是绝对的，首先这种无因性在直接的合同当事人之间不产生作用，例如存货人与保管人签订了仓储合同，保管人接受货物并且签发了仓单，如果仓单并没有转让给第三人，仍然由存货人持有，则存货人不能根据仓单的无因性主张权利。此时仓单的基础关系的效力将影响仓单的效力，即仓储合同的内容将对仓单的内容产生影响。可见，审理本案的法院对仓单的效力作出了错误的判决，原因在于没有正确的理解仓单的无因性。因此本案中，原告根据仓储合同的约定要求履行合同是正确的，被告以仓单的记载对抗不成立，被告应当向原告赔偿超过自然耗损的水果损失。

问题讨论：

1.仓储业务中的存货方在交接货和填写仓单时应注意哪些问题？

2.仓储业务中的保管方在交接货和填写仓单时又应该注意哪些问题？

模块三 仓储作业

导入案例

青年路储运经营公司仓储作业流程

青年路储运经营公司隶属于北京市机电设备总公司，占地面积11万平方米，内有标准库房17栋（保温库6栋），库高10米，专门储运大型机电产品。单个库房面积从1080平方米到2480平方米不等，地面防潮处理较好，库内配备简单的立体货架4层或5层，高约3米，并配有5吨、10吨桥式吊车，库房实行机械通风。场内有铁路专用线及其相关设备，并且有专业的消防队伍。

目前，青年路仓库作为集散型仓库，主要储存家用电器、食品、医药、装饰材料等商品，库房堆高6～7米。青年路仓库负责部分商品的储存、配送、运输作业，部分商品由厂家自己负责储存、运输与配送，其主要作业流程包括入库验收、抽样检测、进库码垛、保管、出库等环节。

【案例点评】仓储作业过程主要由入库作业、保管作业及出库作业组成。按其作业顺序可详细分为：接车、卸车、理货、检验、入库、储存、保管保养、装卸搬运、加工、包装和发运等作业环节。各个作业环节之间并不是孤立的，它们既相互联系、又相互制约。某一环节作业的开始要依赖于上一个环节作业的完成，上一环节作业完成的效果也直接影响到后一环节的作业。由于仓储作业过程中，各个作业环节之间存在着内在的联系，并且需要耗费大量的人力、物力及财力，因此必须对作业流程进行细致的分析和合理有效地组织。

学习指南

【学习目标】

知识目标

1.掌握商品入库作业过程、操作方法和作业要求

2.掌握商品在库保管作业过程、操作方法和作业要求

3.掌握商品出库作业过程、操作方法和作业要求

能力目标

1.能够合理组织和完成入库作业

2.能够合理组织和完成商品在库管理工作

3.能够合理组织和完成出库作业

【项目分解】

工作项目1 商品入库作业

工作项目2 商品在库管理

工作项目3 商品出库作业

仓储作业

仓储作业过程是指从仓库接受仓储任务开始，包括仓库准备、接受货物、堆存、保管、交付的整个过程。在这一过程中，要了解仓库所要处理的事物，承办的工作和承担的责任。仓库作业过程既有装卸、搬运、堆垛等劳动作业过程，也有货位安排、理货检验、保管、货物记账、统计报表等管理过程，还有收货交接、交货交接、残损处理等商务作业，如图3–1所示。

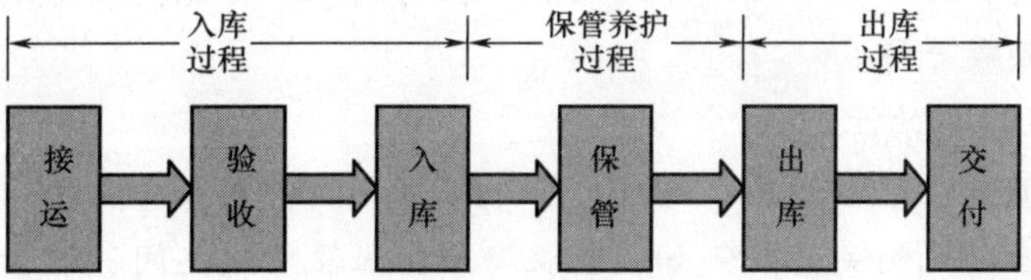

图3–1 仓储作业过程

一、仓储作业的特点

1.非连续性

仓储作业的整个过程，从商品入库到商品出库不是连续进行的，而是间断进行的。这是因为各个作业环节往往是不能密切衔接的。

2.作业量的不均衡性

仓储作业每天发生的作业量是有很大区别的，各月之间的作业量也有很大的不同。这种日、月作业量的不均衡，主要是由于仓库进料和发料时间上的不均衡和批量大小不等所造成的。

3.仓储作业对象的复杂性

一般生产企业产品生产的劳动对象较为单一，而物资仓储作业的对象，是功能、性质和使用价值等各不相同的千万种物资。不同的物资要求不同的作业手段、方法和技术，情况比较复杂。

4.仓储作业范围的广泛性

仓储的各个作业环节，大部分是在仓库范围内进行的，但也有一部分作业是在库外进行的，例如物资的装卸、运输等，其作业范围相当广泛。

仓储作业的上述特点对仓储设施的规划、配备与运用，仓储作业人员定编、劳动组织与考核，对作业计划、作业方式的选择与方法等，均产生重要影响，对合理组织仓库作业带来很大的困难和不便。因此，在具体进行仓储设施的规划、配备与运用时，应综合各方面的相关因素慎重考虑。

二、仓储作业的组织的目标与原则

（一）仓储作业的组织目标

快进 、快出、多储存、保管好、费用省。

（二）仓储作业的组织原则

要实现仓储组织的目标，在组织仓储作业过程时，就应该在综合、全面地考虑各作业环节特征及其影响因素的同时，注意以下原则。

1.保证仓储作业过程的连续性

连续性是指仓储物资在仓储作业过程中的流动，在时间上是紧密衔接的、连续的。仓储物资在库期间经常处在运动之中，从物资到库后的卸车、验收、库内搬运、堆码，到出库时的备料、复核、装车等，都是一环紧扣一环、互相衔接的。因此，在组织仓储作业过程中，要求仓储物资在各个环节或工序间的流动在时间上尽可能衔接起来，不发生或少发生各种不必要的停顿或等待。

2.实现仓储作业过程的比例性

比例性是指仓储作业过程的各个阶段、各个工序之间，在人力、物力的配备和时间的安排上必须保持适当的比例关系。例如，验收场地和保管场地之间、运输力量和搬运力量之间、验收人员和保管人员之间、验收时间和收发货时间之间，都要有一个适当的比例。保持作业过程的比例性，可以充分利用人力和设备，避免和减少物资在各个作业阶段和工序的停滞与等待，从而保证作业过程的连续性。

项目一 商品入库作业

导入案例

吉林玉米中心批发市场玉米储存入库要求

一、玉米入库

交易商入库须持吉林玉米中心批发市场批准的《吉林玉米中心批发市场交货仓库入库通知单》，并通知交货仓库安排接收玉米事宜。

二、入库验收

（一）包粮入库验收

1.重量验收：以乙方经计量检验合格的地磅为准。

2.质量检验：乙方按市场交货要求进行检验，检验内容包括：水分、容重、杂质、不完善粒总量、不完善粒中的生霉粒、色泽、气味。并对甲方玉米是否有异味、活虫、结块发热、霉变及水分进行确认，确定是否符合仓储保管要求。

如甲方玉米存在有异味、发热、结块、霉变、活虫、水分过高或不均等不符合保管条件的玉米，应及时建议甲方处理，如甲方没有给予明确的答复，乙方有权拒收。

3.玉米验收后，乙方须填写入库验收单。入库验收单包括以下内容：

到货日期、货种、入库重量、入库件数、货位号、质量检验结果、包装、对玉米质量处理意见通知、检验人及检验日期。

4.乙方须将验收结果及时通知甲方，如甲方对乙方质量检验结果有异议，双方以质检机构检验为准。

（二）散粮入库验收

1.甲方玉米散粮入库原则上应以整仓为单位。

2.重量验收：以乙方经计量检验合格的地磅为准。

3.质量检验：乙方按市场交货要求进行检验，检验内容包括：水分、容重、杂质、不完善粒总量、不完善粒中的生霉粒、色泽、气味。并对甲方玉米是否有异味、活虫、结块发热、霉变及水分进行确认，确定是否符合仓储保管要求。

如甲方玉米存在有异味、发热、结块、霉变、活虫、水分过高或不均等不符合保管条件的玉米，应及时建议甲方处理，如甲方没有给予明确的答复，乙方有权拒收。

4.玉米验收后，乙方须填写入库验收单。入库验收单包括以下内容：

到货日期、货种、入库重量、入库件数、货位号、质量检验结果对玉米质量处理意见通知、检验人及检验日期。

【案例点评】仓储企业对商品入库环节有严格的管理制度和要求，作为仓储管理人员要熟悉企业仓储管理制度，严格按照商品入库制度要求完成入库业务操作。

学习指南

【学习目标】

知识目标

1.掌握商品入库作业及流程

2.掌握商品的编码与分类

能力目标

1.能够合理完成商品入库作业

2.能够对商品合理编码和分类

【学习重点】

商品入库作业

【学习难点】

商品入库验收

工作任务

职场情境：你作为物美仓储的一名仓库管理员，2012年6月25日，客户（物美集团）采用E-mail的方式要求入库货品，且入到第一库房。入库方式：送货；入库类型：正常入库；紧急程度：一般；送货车牌号：京A38R88；司机：李奇。货品明细如下：

入库货品名称	数量/箱	明细/盒
30毫升高夫古龙喷雾香水	200	24×200
75克美凝水活肤洁面乳	240	24×240
200毫升六神润肤浴露	270	24×270

注：客户指令为（200906255001）。

任务要求：请按要求完成入库作业。

（注：本任务利用仓储软件完成。）

知识导航

商品入库作业

商品入库作业主要包含商品入库前的准备、接运、验收和入库四个步骤。

一、入库前的准备

根据仓储合同或者入库单、入库计划，及时地进行库场准备，以便货物能按时入库，保证入库工作顺利进行。

1.熟悉入库货物

仓储管理人员一定要认真检查入库货物资料，必要时向货主查询。掌握入库货物的品种、规格、数量、包装状态、单件体积、到库确切时间、货物存放期、货物的理化性质、货物保管的特殊要求等。只有了解了以上内容才能准确和妥善地进行库场的安排和准备。

2.掌握仓库库场情况

了解在货物入库期间、保管期间仓库的库容、设备、人员的变动情况，以便安排工作。必要时对仓库进行清查、整理、归位，以便腾出仓容。对于必须使用重型设备操作的货物，应安排可使用设备的货位。

3.制定仓储计划

仓库业务部门根据货物的情况、仓库情况以及设备情况，制定出仓储计划，并将任务下达到各个部门相应的作业部门、管理部门。

4.妥善安排货位

仓库管理人员根据入库货物的性能、数量、类别，结合仓库分区分类保管的要求，核算货位大小，根据货位使用原则，妥善安排货位、验收场地，确定堆垛方法、检堑方案。

5.合理组织人力

根据货物入库的数量和时间，安排好货物验收人员，搬运、堆码人员以及货物入库工作流程，确定各个工作环节所需的人员和设备。

6.做好货位准备

仓库保管员应及时进行货位准备，彻底清洁货位、清除残留物、清理排水管道，必要时进行消毒除虫、铺地。详细检查照明、通风等设备，发现损坏及时通知修理。

7.准备毡垫材料、作业工具

作业用具在货物入库前，根据所确定的毡垫方案，准备相应的材料，并组织毡垫铺设作业。对作业所需的用具准备妥当，以便能及时使用。

8.装运搬运工艺确定

根据货物、货源、设备条件、人员等情况，合理科学地制定卸车搬运工艺，保证作业效率。

9.文件单证准备

仓库保管员对货物入库所需的各种报表、单证、记录簿、入库记录、理货检验卡、料卡、残损单等预填妥当，以便使用。

二、货物接运

货物接运的主要任务是及时而准确地向交通运输部门提取入库货物。做好商品接运业务管理的主要意义在于，防止把在运输过程中或运输之前已经发生的商品损害和各种差错带入仓库，减少或避免经济损失，为验收和保管、保养创造良好的条件。

商品接运的主要方式体现在以下几个方面。

1.到车站、码头提货

这是由外地托运单位委托铁路、水运、民航等运输部门或邮局代运或邮递货物到达本埠车站、码头、民航站、邮局后，仓库依据货物通知单派车提运货物的作业活动。此外，在接受货主的委托，代理完成提货、末端送货的活动的情况下也会发生到车站、码头提货的作业活动。这种到货提运形式大多是零担托运、到货批量较小的货物。

2.铁路专用线到货接运

这是指仓库备有铁路专用线，大批整车或零担到货接运的形式。一般铁路专线都与公路干线联合。在这种联合运输形式下，铁路承担主干线长距离的货物运输，汽车承担直线部分的直接面向收货方的短距离的运输。

3.到货主单位提取货物

这是仓库受托运方的委托，直接到供货单位提货的一种形式。

4.仓库收货

存货单位或供货单位将货物直接运送到仓库的形式。

不论是哪种接货方式，都要注意做好接货的准备、验收手续的交接工作。

三、商品入库验收

（一）商品验收的必要性

所有到库商品，必须在入库前进行验收，只有验收合格后才算正式入库。这种必要性体现在两个方面：一方面是各种到库商品来源复杂，渠道繁多，从结束其生产过程到进入仓库前，经过一系列储运环节，受到储运质量和其他各种外界因素的影响，质量和数量可能发生某种程度的变化；另一方面，各类商品尽管在出厂前进行了检验，但有时也会出现错检或漏检的情况，使一些不合格商品按合格商品交货。

商品验收的作用，主要表现在以下两个方面。

1.商品验收有利于维护企业的自身利益

商品验收过程中，若发现商品数量不足，或发现规格不符，或质量不合格时，检验人员做出详细的验收记录，由企业业务主管部门向供货企业提出退货、换货或向承运单位提出索赔要求。如果商品入库没有进行严格的验收检查，在保管过程中或发货过程中发现商品存在问题，就会出现责任不清的情况，给企业造成不必要的经济损失。因此，在验收过程中必须严格检验，分清责任，使符合采购合同、符合企业需要的商品入库，维护企业的经济利益。

2.验收是做好商品保管保养的基础

商品的验收工作是做好商品保管保养和使用的基础。到库商品经过了一系列的储运环节，商品外包装会出现损坏、散失的情况，没有外包装的商品更容易发生变化。这些情况的出现都将影响到商品的保管及保养。只有在商品入库时进行验收检查，判明商品的实际状况，才能针对商品的实际情况，采取相应的措施对商品进行保管及保养。

总之，商品验收工作是一项技术要求高，组织严密的工作，验收工作好坏关系到仓储业务能否顺利进行。因此，仓储企业要设置权责清晰的商品验收部门，明确检验人员的责任，使验收工作能够做到及时、准确、严格和经济。

（二）商品验收作业流程及其内容

商品验收包括验收准备、核对凭证和实物检验三个作业环节。

1.验收准备

仓库接到到货通知后，应根据到货商品的特性做好验收前的准备工作，验收准备是做好整个验收工作的前提。

（1）人员准备。安排好负责验收工作的检验人员，对于技术特性复杂的商品，要及时和用货单位的专业技术人员进行有效沟通。

（2）文件准备。准备好待验商品的有关文件，如技术标准、订购合同等。

（3）器具准备。准备好验收用的检验工具，如衡器、量具等，并校验正确。

（4）防护准备。对有些特殊商品的验收，如毒害品、腐蚀品、放射品等的检验，需要相应的防护用品准备。

2.核对凭证

入库商品必须具备下列凭证：

（1）入库通知单和订货合同副本，这是仓库接受商品的凭证。

（2）供货单位提供的材质证明书、装箱单、磅码单、发货明细表等。

（3）商品承运单位提供的运单，若商品在入库前发现残损情况，还要有承运单位提供的货运记录，作为向责任方交涉的依据。

核对凭证，也就是将上述凭证加以整理全面核对。入库通知单、订货合同要与供货单位提供的所有凭证逐一核对，相符后，才可以进行下一步实物检验。

3.实物检验

所谓实物检验，就是根据入库单等相关凭证对商品进行数量和质量检验。

（1）确定抽检比例。在业务量比较大的仓储企业，到库商品通常是整批、连续到货，而且品种、规格复杂，在有限的时间内不可能逐件查看，这就需要确定一个合理的抽查比例。验收抽查比例的大小，一般根据商品的特性、商品价值的大小、品牌信誉、物流环境等因素而定。

（2）数量检验。数量检验是保证入库商品数量准确的重要步骤，依据入库单等有关凭证，按商品的品名、规格、等级、产地等，进行核对，以确保入库商品数量准确无误。数量检验可分为三种形式：

①计件。计件是按件数供货或以件数为计量单位的商品，做数量验收时的件数清点。一般情况下，计件商品应全部逐一点清。实际应用时可采用标记计件、分批清点和定额装载三种方法。标记计件是在清点大批量商品入库时，每一定件数的商品作一标记，待全部清点完毕，再按标记计算总的数量；分批清点是对包装规则、批量不大的商品入库时，将商品按行、列或层堆码，每行、列或层堆码的件数相同，清点完毕后，再统一计数；定额装载的方法主要用来清点包装规则、批量大的商品，可以用托盘、平板车等装载工具实行定额装载，最后计算入库商品的件数。

②检斤。检斤是按重量供货或以重量为计量单位的商品，做数量验收时的称重。金属材料、某些化工产品多半是检斤验收。按理论换算重量供应的商品，先要通过检尺，例如金属材料中的板材、型材等，然后，按规定的换算方法换算成重量验收。对于进口商品，原则上要求全部检斤，但如果订货合同规定按理论换算重量交货，则按合同规定办理。所有检斤的商品，都应详细填写磅码单。

③检尺求积。检尺求积是对以平方或体积为计量单位的商品，先检尺后求积所做的数量验收。例如对木材、竹子、玻璃等的验收，需要进行检尺计算求出平方数或体积数。

（3）质量检验。质量检验包括外观检验、尺寸检验、理化检验三种形式。仓库一般只做外观检验和尺寸精度检验，理化检验则由仓库检验技术人员取样，委托专门检验机构或用货方技术人员进行检验。

①商品外观检验。商品外观检验又称感官检验，检验人员利用感觉器官，如视觉、听觉、触觉、嗅觉和味觉等感觉器官，检验商品的外包装；检查商品包装的牢固程度；检查商品有无损伤；检查商品是否被雨、雪、油污等污染，有无潮湿、霉腐、生虫。商品的外

观检验简便易行，大大简化了仓库的质量验收工作，节省了大量的人力、物力和时间，广泛应用于检验商品的外观和表面特征。但外观检验易受检验人员的经验、检验环境，甚至生理状态等因素的影响，主观性太强，且无统一的检验标准，须引起重视。

②商品的尺寸检验。对于需要进行尺寸精度检验的商品，如金属材料中型材的直径和圆度、管材的壁厚和内径、部分机电产品等的检验，需要仓库的检验技术人员进行尺寸检验。由于尺寸精度检验是一项技术性强，且费时的工作，实际工作中可根据商品价值的大小、供应商的信誉等进行抽检。

③理化检验。又称仪器检验，是借助各种试剂、仪器和设备对商品的内在质量和物理化学性质所进行的检验。对商品内在质量的检验要求一定的技术知识和检验手段，所以一般由专门的技术检验部门进行检验。

（三）商品验收中问题的处理

仓库到货商品来源复杂，涉及商品生产、采购、运输等多个作业环节，不可避免地会出现诸如证件不齐、数量短缺、质量不符合要求等问题。因此，要求在进货验收过程中，要认真细致，区别不同的情况，及时进行处理。

1.质量检验问题的处理

验收过程中，凡发现质量不符合验收规定的情况，应及时向供货单位办理退货、换货交涉，或征得供货单位同意代为修理，或在不影响使用前提下降价处理。商品规格不符或错发时，应先将规格对的予以入库，规格不对的商品做好验收记录交给相应部门办理换货。

2.数量检验问题的处理

数量短缺或溢余在规定范围内的，可按原数入账。凡超过规定范围的，应查对核实，做成验收记录和磅码单交主管部门向供货单位办理交涉。对于数量溢余较大的情况，可选择商品退回或补发货款的方式解决；对于数量短缺较大的情况，可选择按实数签收并及时通知供应商的方式解决。

3.验收凭证问题的处理

验收凭证问题主要是指验收需要的证件未到或证件不齐全。验收过程中此类问题时，要及时向供应商索取，到库商品应作为待检验品堆放在待验区，待证件到齐后再进行验收。证件未到之前，不能验收，不能入库，更不能发货。

4.证物不符问题的处理

验收过程中发现验收单证与实物不符的情况时，应把到库商品放置于待检区，并及时与供应商进行交涉，可以采取拒绝收货、改单签收或退单、退货的方式解决。

此外，在对验收过程中发现问题进行处理时应做到：①在商品入库凭证未到或未齐之前不得正式验收；②发现商品数量或质量不符合规定，要会同有关人员当场做出详细记录，交接双方在记录上签字；③在数量验收中，计件商品应及时验收，发现问题要按规定的手续，在规定的期限内向有关部门提出索赔要求。

四、商品入库交接和登记

入库物品经过点数、查验之后，可以安排卸货、入库堆码，表示仓库接受物品。在卸货、搬运、堆垛作业完毕，与送货人办理交接手续，并建立仓库台账。

（一）交接手续

交接手续是指仓库对收到的物品向送货人进行的确认，表示已接受物品。办理完交接手续，意味着划分清运输、送货部门和仓库的责任。完整的交接手续包括：

（1）接受物品。仓库通过理货、查验物品，将不良物品剔出、退回或者编制残损单证等明确责任，确定收到物品的确切数量、物品表面状态良好。

（2）接受文件。接受送货人送交的物品资料、运输的货运记录、普通记录等以及随货的在运输单证上注明的相应文件，如图纸、准运证等。

（3）签署单证。仓库与送货人或承运人共同在送货人交来的送货单、交接清单。各方签署后留存相应单证。提供相应的入库、查验、理货、残损单证、事故报告由送货人或承运人签署。

（二）登账

物品入库，仓库应建立详细反映物品仓储的明细账，登记物品入库、出库、结存的详细情况，用以记录库存物品动态和入出库过程。

登账的主要内容有：物品名称、规格、数量、件数、累计数或结存数、存货人或提货人、批次、金额，注明货位号或运输工具、接（发）货经办人。

（三）立卡

物品入库或上架后，将物品名称、规格、数量或出入状态等内容填在料卡上，称为立卡。料卡又称为货卡、货牌，插放在货架上物品下方的货架支架上或摆放在货垛正面明显位置。

（四）建档

建档是将物品接收作业全过程的有关资料证件进行整理、核对，建立存货档案或客户档案，以便于货物管理和保持客户联系，也为将来可能发生的争议保留凭证；同时，有利于总结和积累仓库保管经验，研究仓储管理规律。

五、商品的编码与分类

（一）商品编码

商品编码是将商品按其分类内容进行有序编排，并用简明文字、符号或数字来代替商品的“名称”、“类别”。通过对商品的编码可以应用计算机进行高效率管理并可实现整个仓储作业的标准化管理。

1.商品的代码结构

商品代码通常应用阿拉伯数字、字母或便于记忆和处理的符号形成一个或一组字符串，其基本结构包括：

（1）代码长度：一个代码中所包含的有效字符的个数。

（2）代码顺序：代码字符排列的逻辑顺序。

（3）代码基数：编制代码时所选用的代码字符的个数，如阿拉伯数字代码的字符为0~9，基数为10。

2.商品编码原则

（1）唯一性。虽然被编码的商品可以有很多不同的名称，也可以按不同的方式对其进行描述，但在一个分类编码标准体系中，每个编码对象只有一个代码，即一个代码只代表一个商品。

（2）简易性。代码结构应尽量简单，以便于记忆，同时减少代码处理中的差错，提高信息处理效率。

（3）扩充弹性。为将来可能增加的商品留有扩充编号的余地。

（4）充足性。所采用的文字、记号或数字应足够用来编号。

（5）安全性。编码应具有安全特性，防止公司机密外泄。

（6）一贯性。每一种商品都由一种代码来表示，而且必须统一，具有连贯性。

（7）计算机的易处理性。便于计算机处理是商品编码的重要原则，只有通过计算机进行处理，才能真正提高商品信息传递与处理的正确性，提高商品仓储作业流程的效率。

3.商品编码方法

商品编码的方法很多，常见的有无含义编码和有含义编码。无含义编码通常可以采用流水顺序码来编排；有含义编码是在对商品进行分类的基础上，采用序列顺序码、层次码等编排。在仓库管理中可以采用以下六种编码方法进行编排。

（1）流水编码方法。又称顺序码和延伸式编码。编码方法是将阿拉伯数字或英文字母按顺序往下编排，如表3–1所示。流水编码的优点是代码简单，使用方便，易于延伸，对编码对象的顺序无任何特殊规定和要求。缺点是代码本身不会给出任何有关商品的其他信息。流水编码多用于账号或发票编号。

表3–1　　流水号编号法

编号	货品名称
1	洗面奶
2	肥皂
3	牙刷
…	……
n	洗涤剂

（2）分组编号法。这种编号方法是按商品特性分成多个数字组，每个数组代表商品的一种特性。例如，第一组代表商品类别，第二组代表商品形状，第三组代表商品的供应商，第四组代表商品的尺寸。分组编码方法代码结构简单，容量大，便于计算机管理，在仓库管理中使用较广。

例如：064061350可以描述为：

类别	形状	材质/成分	含量
06	4	061	350

其编码意义如表3–2所示。

表3-2　　分组编码法编码意义

商品	类别	形状	材质/成分	含量	意义
编码 064061350	06				饮料
		4			易拉罐
			061		乌龙茶
				350	350毫升

（3）数字分段法。把数字分段，每一段代表一共同特性的一类商品，见表3-3。

表3-3　　数字分段法

例如：	编号	商品名称	
	1	6只牙膏	
	2	12只牙膏	
	3	24只牙膏	4~5为牙膏组欲留号
	4		
	5		
	6	黑妹牙膏	
	7	中华牙膏	
	8		8~12为牙膏欲留号
	9		
	⋮		
	12		

（4）后数位编码法。利用编号末尾数字，对同类商品进一步分类编码，见表3-4。

表3-4　　后数位编码法

编号	货物	编号	货物
450	饰品	461.1	女装衬衫
460	女装	461.11	红色女装衬衫
461	女装上衣	461.112	短袖红色女装衬衫

（5）实际意义编码法。根据商品的名称、重量、尺寸、分区、储位、保存期限等其他实际情况来对商品进行编码。应用实际意义进行编码的特点是通过商品编号能够迅速了解商品的内容及相关信息。

例如：FO4915B1，其实际意义见表3-5。

表3-5　　实际意义编号法

编号	意义
FO4915B1	FO 表示Food，食品类
	4915表示4×9×15，尺寸大小
	B 表示B区，货品所在储区
	1表示第一排料架

（6）暗示编码法。用数字与文字组合编码，编码暗示商品的内容和有关信息。暗示编码法容易记忆，又可防止商品信息外泄。

例如：BY005WB10，其暗示意义见表3-6。

编号BY005WB10

表3-6　　暗示编码法

属性	货品名称	尺寸	颜色与型式	制造商
编码	BY	005	WB	10
含义	表示自行车（bicycle）	表示大小型号为5号	表示白色（white） 表示小孩型（Boy,s）	表示供应商的代号

（二）商品分类

商品的分类是将多品种商品按其性质或其他条件分别归入不同类别，进行有系统的排列，以提高仓储作业效率。

1.商品分类原则

（1）分类形式应满足企业本身需要，选择适用并且统一的分类标准，标准一旦确定，不可随意变更。

（2）有系统地展开，逐渐细分，层次分明。

（3）分类具有排他性。

（4）分类应具有完全性，应覆盖所有商品。

（5）分类伸缩性，以适应商品的增加。

2.商品分类方法

（1）按商品特性分类。特性不同商品所需要的保管条件差异很大，如有些商品挥发，有些商品吸附，有些商品需要温湿度控制。因此，为适用商品保管的需要，可以选择按商品特性进行分类。

（2）按商品使用目的、方法和程序进行分类。如需要进行流通加工的商品，可以按加工的方法不同进行分类。

（3）为账务处理方便，可按会计科目进行分类。

（4）按交易行业进行分类。

（5）按商品形状分类。如商品的内容、形状、尺寸、颜色和重量等。

（6）按照运输要求分类。如按运输方式，可按照公路、铁路、航空划分；在发运量大的仓库中，也可以按收货地或到货站分类。

附　练习：商品编号设计

中百仓储第三方物流5号货架型仓库，主要为客户惠氏、宝洁和联合利华提供仓储、配送等第三方物流服务。客户的主要产品为奶粉、药品和日用品三大类。仓库内现有存储货架为托盘货架和栈板货架，其中托盘货架共有四排，每排五层，每层共有平均体积为m^3的货位10个；栈板货架共有两排，每排三层，每层共有货位20个。你作为该仓库的一名仓库管理员，现有如下储存物品需要编号，请你根据所学知识，为它们进行编号设计。

项目二　商品在库管理

导入案例

吉林玉米中心批发市场玉米储存保管要求

一、仓库按国家和当地粮食主管部门仓储有关规定对甲方的玉米实施保管以维护玉米储存期间的质量安全。

二、仓单生成后，仓库不能移动交易方玉米。

三、损耗计算

1.初始注册仓单的玉米，入库后，前30天（不足30天按30天计算）的损耗按2‰计。从第31天起，每个月的损耗为1‰［不足15天（含）按半个月计算，损耗为0.5‰；超过15天不足一个月按一个月计算，损耗为1‰］。

2.用提货单重新注册仓单的玉米，每个月损耗为1‰［不足15天（含）按半个月计算，损耗为0.5‰；超过15天不足一个月按一个月计算，损耗为1‰］。

3.仓库在储存玉米的过程中发现非仓库管理原因出现的问题（如生虫），应及时通知交易方采取措施，费用由交易方承担。熏蒸费为5元/吨。

【案例点评】仓储企业对商品在库管理环节有严格的管理制度和要求，作为仓储管理人员要熟悉企业仓储管理制度，严格按照商品在库管理储存保管制度要求做好商品在库管理工作。

学习指南

【学习目标】

知识目标

1.掌握仓库的储位管理

2.掌握商品的堆码和苫垫
3.掌握商品的在库养护方法
4.掌握盘点的内容和方法
5.掌握商品库存控制方法
能力目标
1.能够合理安排商品储位，合理堆码和苫垫
2.能够对商品做好养护工作
3.能够合理组织和完成盘点作业
4.能够对库存实施有效控制
【学习重点】
1.储位管理
2.商品养护
3.商品盘点
4.库存控制
【学习难点】
1.储位管理
2.库存控制

工作任务

职场情境：中百仓储第三方物流5号货架型仓库，主要为客户惠氏、宝洁和联合利华提供仓储、配送等第三方物流服务。客户的主要产品为奶粉、药品和日用品三大类。仓库内现有存储货架类型为托盘货架和栈板货架，其中托盘货架共有四排，每排五层，每层共有平均体积为$2m^3$的货位10个；栈板货架共有两排，每排三层，每层共有20个货位。

任务要求：按指定要求分别完成仓库的储位编码、商品的养护及仓库商品的盘点等工作。

知识导航

商品在库管理

商品在库管理就是研究商品性质以及商品在储存期间的质量变化规律，积极采取各种有效措施和科学的保管方法，创造一个适宜于商品储存的条件，维护商品在储存期间的安全，保护商品的质量和使用价值，最大限度地降低商品损耗的一系列活动。商品在库管理的内容主要包括储位管理（包括分区分类、货位选择、货位编码）、商品堆码、商品苫

垫、商品在库养护管理、商品盘点等。

一、储位管理

（一）储位管理的目标与原则

1.储位管理的目标

（1）充分有效地利用空间。

（2）尽可能提高人力资源及设备的利用率。

（3）有效地保护好商品的质量和数量。

（4）维护良好的储存环境。

（5）使所有在储货物处于随存随取状态。

2.储位管理的基本原则

（1）储位明确化。在仓库中所储存的商品应有明确的存放位置。

（2）存放商品合理化。每一商品的存放是遵循一定的规则精细指定的。

（3）储位上商品存放状况明确化。当商品存放于储位后，商品的数量、品种、位置、拣取等变化情况都必须正确记录，仓库管理系统对商品的存放情况明确清晰。

（二）储位管理要素

储位管理的基本要素主要包括储存空间的管理、商品的管理、人员的管理三个方面。

1.储存空间的管理

不同功能的仓库，对储存空间的重视程度不同，考虑的重点也不一样。对于侧重商品保管功能为主的仓库，主要考虑保管空间的储位分配，对于侧重流通转运为主的仓库，则主要考虑保管空间的储位如何能够提高拣货和出货的效率。在储位配制规划时，需先确定储位空间，而储位空间的确定必须综合考虑空间大小、梁柱排列、有效储存高度、通道、搬运机械的回旋半径等基本因素。

2.商品的管理

处于保管中的商品，由于不同的作业需求使其经常以不同的包装形态出现，包装单位不同其设备和存放方式也不一样。此外对商品保管的影响因素还有：

（1）供应商。商品由谁以什么方式供应，有无行业特点。

（2）商品特性。商品的品种、规格、体积、重量、包装、周转速度、季节分布、理化性能等因素。

（3）商品的进货时间及数量。商品采购时间，进货到达时间，商品的产量、进货量库存量等。

3.人员管理

人员包括保管、搬运、拣货作业人员等。在储存管理中由保管人员负责商品管理及盘点作业；拣货人员负责拣货、补货作业；搬运人员负责入库、出库、翻堆作业。为了既提高作业效率，又达到省力的目的，首先，作业流程必须合理，精简高效；其次，储位配置及标示必须简单，清楚；最后，表单简要、统一且清晰。

4.相关因素

（1）设备。储位管理中的设备主要包括储存设备、搬运与运输设备两大类。设备的选用必须综合考虑商品特性、辅助工具、作业方式、设备成本等基本条件，例如自动立体仓库的选用、高层货架、重力式货架的选用。此外还必须注意其配套设施，例如电子辅助标签，无线传输设备及相软件的配置等。

（2）辅助物品。辅助物品主要包括包装材料与容器、转运托盘等。打贴标签、重新包装、组合包装等流通加工项目越多，对相应包装材料的需求就会增加。另外就是托盘、容器等运载工具的管理，随着流通设施通用性的增强，物流过程对托盘等运载工具的依赖性也就越强，因此，其管理也变得更加重要。其次是废旧包装物的回收利用，如果不统一进行管理将会影响到其他作业的顺利进行。对这些辅助物品的管理可以规划一些特定的储位，按照类似商品保管的要求来管理。

（三）储位规划

在存储作业中，为有效对商品进行科学管理，必须根据仓库、存储商品的具体情况，实行仓库分区、商品分类和定位保管。仓库分区就是根据库房、货场条件将仓库分为若干区域；分类就是根据商品的不同属性将存储商品划分为若干大类；定位就是在分区、分类的基础上固定每种商品在仓库中具体存放的位置。

1.仓库分区

仓库分区是根据仓库建筑形式、面积大小、库房、货场和库内道路的分布情况，并结合考虑商品分类情况和各类商品的储存量，将仓库划分为若干区域，确定每类商品储存的区域。库区的划分一般在库房、货场的基础上进行，多层库房分区时也可按照楼层划分货区。

仓库分区分类的方法：

（1）按货物的种类和性质分区分类。这是当前仓库普遍采用的方法，它是按物料的自然属性归类，如冷藏、干货区；金属材料区、非金属材料区。如对化学品、危险品的存放，归类时应注意不同性质的危险品之间互相引发危险的可能。

（2）按不同货主分区分类。当仓库为几个大货主服务时，为方便货主物品的存取，避免和减少物品混淆，往往采用这种方式。

（3）按物品流向分区分类。这种方式多适用于短期中转储存的货物，如在各种场、站、码头、机场的中转库，一般可采用这种方法。

（4）按照物品必需的储存条件分区分类。这种方式，在货主没有特殊要求时，被普遍采用。

（5）按物品的流时分区分类。这种方式主要适用于长期储存物品和短期储存物品混存在同一仓库时，将长期储存物和短期储存物严格分开，一般短期储存物放在离库门比较近的地方，方便物品出入。

2.储位确定

在进行储区规划时应充分考虑商品的特性、轻重、形状及周转率情况，根据一定的分配原则确定商品在仓库中具体存放的位置。

（1）根据商品周转率确定储位。计算商品的周转率，将库存商品周转率进行排序，然后将排序结果分段或分列。将周转率大、出入库频繁的商品储存在接近出入口或专用线的位置，以加快作业速度和缩短搬运距离。周转率小的商品存放在远离出入口处，在同一段或同列内的商品则可以按照定位或分类储存法存放。

（2）根据商品相关性确定储位。有些库存的商品具有很强的相关性，相关性大的商品，通常被同时采购或同时出仓，对于这类商品应尽可能规划在同一储区或相近储区，以缩短搬运路径和拣货时间。

（3）根据商品特性确定储位。为了避免商品在储存过程中相互影响，性质相同或所要求保管条件相近的商品应集中存放，并相应安排在条件适宜的库房或货场。即将同一种货物存在同一保管位置，产品性能类似或互补的商品放在相邻位置。将相容性低，特别是互相影响其质量的商品分开存放。这样既提高作业效率，又可防止商品在保管期间受到损失。

对有些特殊商品，在进行储区规划时还应特别注意的是：

①易燃物品必须存放在具有高度防护作用的独立空间内，且必须安装适当的防火设备。

②易腐物品需储存在冷冻、冷藏或其他特殊的设备内。

③易污损物品需与其他物品隔离。

④易窃物品必须隔离封闭管理。

（4）根据商品体积、重量特性确定储位。在仓库布局时，必须同时考虑商品体积、形状、重量单位的大小，以确定商品所需堆码的空间。

通常，重大的物品保管在地面上或货架的下层位置。为了适应货架的安全并方便人工搬运，人的腰部以下的高度通常宜储放重物或大型商品。

（5）根据商品先进先出的原则确定储位。先进先出即指先入库的商品先安排出库，这一原则对于寿命周期短的商品尤其重要，如食品、化学品等。在运用这一原则时，必须注意在产品形式变化少，产品寿命周期长，质量稳定不易变质等情况下，要综合考虑先进先出所引起的管理费用的增加，而对于食品、化学品等易变质的商品，应考虑的原则是“先到期的先出货”。

除上述原则外，为了提高储存空间的利用率，还必须利用合适的积层架、托盘等工具，使商品储放向空间发展。储放时尽量使货物面对通道，以方便作业人员识别标号、名称、提高货物的活性化程度。保管商品的位置必须明确标示，保管场所必须清楚，易于识别、联想和记忆。另外，在规划储位时应注意保留一定的机动储位，以便当商品大量入库时可以调剂储位的使用，避免打乱正常储位安排。

3.储位编号

在根据一定的规则完成储位规划以后，接下来的任务就是对储位进行编号。

储位编号就是对商品存放场所按照位置的排列，采用统一标记编上顺序号码，并做出明显标志。

（1）储位编号作用。科学合理的储位编号在整个仓储管理中具有重要作用，在商品保管过程中，根据储位编号可以对库存商品进行科学合理的养护，有利于对商品采取相应的保管措施；在商品收发作业过程中，按照储位编号可以迅速、准确、方便地进行查找，不但提高了作业效率，而且减少差错。

（2）储位编号的方法。储位编号应按一定的规则和方法进行。首先确定编号的先后顺序规则，规定好库区、编排方向及顺序排列。其次是采用统一的方法进行编排，要求在编排过程中所用的代号、连接符号必须一致，每种代号的先后顺序必须固定，每一个代号必须代表特定的位置。

①区段式编号。把储存区分成几个区段，再对每个区段编号。这种方式是以区段为单位，每个号码代表的储区较大，区段式编号适用于单位化商品和大量商品而保管期短的商品。区域大小根据物流量大小而定。图3–2为储区的区段式编号。

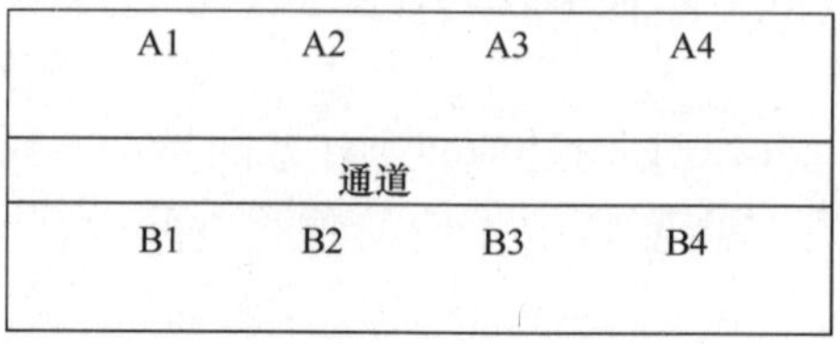

图3–2　储区的区段式编号

②品项群式。把一些相关性强的商品经过集合后，分成几个品项群，再对每个品项群进行编号。这种方式适用于容易按商品群保管和品牌差异大的商品，如服饰群、五金群等。

③地址式。利用保管区仓库、区段、排、行、层、格等，进行编码。如在货架存放的仓库，可采用四组数字来表示商品存在的位置，四组数字代表库房的编号、货架的编号、货架层数的编号和每一层中各格的编号。对于如1–11–1–5的编号，可以知道编号的含义是：1号库房，第11个货架，第一层中的第五格，根据储位编号就可以迅速地确定某种商品具体存放的位置。

此外，为了方便管理，储位编号和储位规划可以绘制成平面布置图，这样不但可以全面反映库房和货场的商品储存分布情况，而且也可以及时掌握商品储存动态，便于仓库结合实际情况调整安排。

（四）商品储存方法

良好的储存策略可以减少商品出入库移动的距离，缩短作业时间，甚至能够充分利用储存空间。常用的储存策略如下。

1.定位储存

定位储存指每一项储存货品都有固定储位，货品不互用储位，因此必须使每一项货品的储位容量不小于其可能的最大在存量。

定位储存策略适用于厂房空间大以及品种多数量少货品的储存。

2.随即储存

随即储存指每一个货品被指派储存的位置都是随机产生的，而且可经常改变。

随即储存适用于厂房空间有限、种类少或体积大的货品储存。

3.分类储存

分类储存是指所有的储存货品按照一定的特性加以分类，每一类货品都有固定的存放位置，而同属一类的不同货品又按一定的法则来指派储位。

4.分类随机储存

分类随机储存是指每一类货品都有固定存放的储存区，但在各类的储存区内，每个储位的指派是随机的。

分类随机储存兼具分类储存及随机储存的特点，需要的储存空间介于两者之间。

5.共同储存

如果确切知道各货品的进出仓库时间，不同的货品可共用相同储位。共同储存在管理上虽然较复杂，但所用的储存空间及搬运时间却更经济。

（五）储位指派方式

在完成储位确定、储位编号等工作之后，需要考虑用什么方法把商品指派到合适的储位上。指派的方法有人工指派法、计算机辅助指派法和计算机全自动指派法三种。

1.人工指派法

人工指派法是指商品的存放位置由人工进行指定，其优点是计算机等设备投入费用少。缺点是指派效率低、出错率高。

人工指派管理要点是：

（1）要求仓管人员必须熟记储位指派原则，并能灵活应用。

（2）仓储人员必须按指派单证把商品放在指定储位上，并做好详细记录。

（3）实施动态管理，补货或拣货作业时，仓储人员必须做好登记消除工作，保证账物相符。

2.计算机辅助指派法

计算机辅助指派法是利用图形监控系统，收集储位信息，并显示储位的使用情况，把这作为人工指派储位依据进行储位指派作业。采用此法需要投入计算机、扫描仪等硬件设备及储位管理软件系统支持。

3.计算机全自动指派法

计算机全自动指派法是利用图形监控储位管理系统和各种现代化信息技术，如条形码自动阅读机、无线电通信设备，网络技术、计算机系统等，收集储位有关信息，通过计算机分析后直接完成储位指派工作。

二、物品堆码、苫垫

（一）物品堆码

堆码是指将物品整齐、规则地摆放成货垛的作业（物流术语GB/T 18354—2001）。

1.物品堆码的要求

物品堆码前要结合仓储条件做好准备工作，在分析物品的数量、包装、清洁程度、属性的基础上，遵循合理、牢固、定量、整齐、节约等方面的要求，进行堆码。

（1）合理。不同品种、规格、型号、牌号、等级、批次和不同货主的货源，均应分开堆码，不能混放。根据不同物资的特性，选择适宜的垛型和堆码方法；确定适宜的堆码高度，避免底层物资或包装被压坏，为贯彻“先进先出”的原则创造条件。

（2）牢固。货垛应具有很好的稳定性和整体性，不偏不斜，不歪不倒；地坪单位面积载荷应小于地坪设计的载荷能力；货垛与墙壁、梁柱间应保持一定的距离；要打好垛基，必要时对垛基进行加固等。

（3）定量。每行每层数量力求成整数，尽量做到“五五摆放”，过目成数，便于查点，对于计重物资不能成整数时，应明确标出重量，以便于管理和发货。

（4）整齐。排列整齐有序，垛型有一定的规格，纵横成行成列，但不能过分苛求“整齐”。因为库存物资处在动态过程中，随时都有拆垛发运的可能，不必花大量人力在“整齐”上下功夫。

（5）节约。物资堆垛的劳动消耗和占用应贯彻节约的原则，节约仓位提高仓容利用率，合理选择衬垫和苫盖材料，节省劳动力。

2.商品堆码的方式

（1）散堆法。散堆法是指散装堆放货物的方法。散堆法适用于露天存放的没有包装的大宗物品，如煤炭、矿石等，也可用于库内少量存放的谷物、碎料等散装物品。

（2）货架堆码法。货架堆码法是指把物资堆放在货架上的方法。它适用于标准化的物资，带包装密度较小的物资以及不带外包装的各种零星小物资。

（3）堆垛法。垛堆法是指把物资堆码成一定垛形的方法。它适用于有包装或裸装但尺寸较整齐划一的大件物资，如钢材的型钢、钢板等。

常见的堆垛法包括重叠式、纵横交错式、仰伏相间式、压缝式、通风式、栽柱式、衬垫式等。

①重叠式。重叠式也称直堆法，是逐件、逐层向上重叠堆码，一件压一件的堆码方式。为了保证货垛的稳定性，在一定层数后改变方向继续向上，或者长宽各减少一件继续向上堆放。该方法方便作业、计数，但稳定性较差。适用于袋装、箱装、箩筐装物品以及平板、片式物品等。

②纵横交错式。纵横交错式是指每层物品都改变方向向上堆放，适用于管材、捆装、长箱装物品等。该方法较为稳定，但操作不便。

③仰伏相间式。对上下两面有大小差别或凹凸的物品，如槽钢、钢轨等，将物品仰放一层，再反一面伏放一层，仰伏相向相扣。该垛极为稳定，但操作不便。

④压缝式。将底层并排摆放，上层放在下层的两件物品之间。

⑤通风式。物品在堆码时，任意两件相邻的物品之间都留有空隙，以便通风。层与层之间采用压缝式或者纵横交错式。通风式堆码可以用于所有箱装、桶装以及裸装物品堆码，起到通风防潮、散湿散热的作用。

⑥栽柱式。码放物品前先在堆垛两侧栽上木桩或者铁棒，然后将物品平码在桩柱之间，几层后用铁丝将相对两边的柱拴连，再往上摆放物品。此法适用于棒材、管材等长条状物品。

⑦衬垫式。码垛时，隔层或隔几层铺放衬垫物，衬垫物平整牢靠后，再往上码。适用于不规则且较重的物品，如无包装电机、水泵等。

（4）托盘存放法。

3.货垛堆码的标准

（1）货垛的垛高。货垛的垛高会直接影响仓库的容量、安全和货垛的稳定性，所以在确定垛高时要综合考虑仓库空间高度、仓库地坪设计载荷及货物自身特性和包装对垛高的要求三项指标（图3-3）。

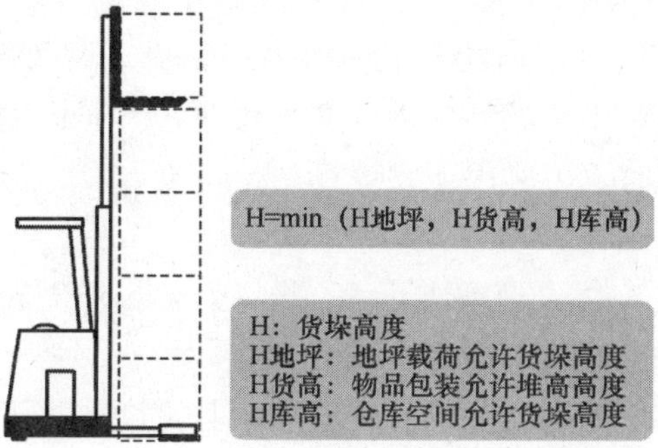

图3-3　货垛的垛高

实际货垛高度（H）具体由以上三个指标（H地坪、H货高、H库高）共同确定，选用三者中的最小值，这样才能在保证库场地坪安全以及货物本身不会损坏的前提下实现仓容利用的最大化。

（2）货垛的五距。物品的堆码要保持通常所说的货垛“五距”，即指墙距、柱距、顶距、灯距和垛距（图3-4）。“五距”的主要作用是通风、防潮、散热，安全、方便。五距的确定要严格遵守《中华人民共和国消防法》、《危险品安全管理条例》的要求，不得随意修改。

墙距　　柱距　　顶距

灯距　　垛距

图3-4　货垛的五距

①墙距。库内货垛与隔断墙的内墙距不得小于0.3米；外墙距不得小于0.5米。

②柱距。货垛或货架与库房内支撑柱子之间应留有不小于0.2~0.3米的距离。

③顶距。平房仓库顶距应不小于0.3米；多层库房顶距不得小于0.5米，人字形屋架库房，以屋架下檐（横梁）为货垛的可堆高度，即垛顶不可以触梁。

④灯距。货垛与照明灯之间的必要距离称为灯距。灯距必须严格规定不得小于0.5米，但对危险货物应按其性质，另行规定。

⑤垛距。它是指货垛与货垛或货架与货架之间的必要距离。库房的垛距应不小于0.5米，货架与货场货垛间距均应不小于0.7米。

仓库通道的宽度应根据物品体积的大小和作业机械的要求进行设计，通道一般包括主干道和支干道以及副道。主干道的宽度一般为2~3.5米，不小于1.5米。通道转弯处的宽度，根据物品和作业机械要求可酌情考虑。叉车作业，其通道宽度可以通过计算求得，当单元装载的宽度小于长度时，可利用下式计算：

$$W=R+D+L+C$$

式中：W为通道宽度（主干道或支干道）；R为叉车外侧转弯半径；D为货物至叉车轴中心线的距离；L为货物长度；C为叉车操作余量。

副道是供作业人员存取搬运物品的行走通道。其宽度取决于作业方式和货物的大小。一般情况下，副道的宽度为0.5米左右。

货垛堆码必须满足仓库消防规定，不能倚墙靠柱，不能与屋顶照明设备接触，与墙、柱、顶、灯之间保留适当距离，货垛相互间也不能挤得太紧，并保证货垛堆码时避开排水沟。

（3）垛牌。为了在保管中及时掌握物品的资料，需要在货垛上张挂有关该垛物品的资料标签。该标签被称为货垛牌，或称物品标签、料卡等。货物码垛完毕，仓库管理人员就需要根据入库物品资料、接收物品情况制作货垛牌，并排放置或悬挂在货垛正面明显的位置，货架上的垛牌要插挂在货架的立柱上（图3-5）。

图3-5　垛牌

垛牌的主要内容有：货位号、物品名称、规格、批号、来源、进货日期、存货人、该垛数量、接货人等，也可以根据不同特点相应增减项目。

（4）垛形。垛形是指货垛的外部形状。一般从货垛立面形状分，可以分为矩形、正方形、三角形、梯形、半圆形等（图3-6）。

矩形

三角形

梯形

半圆形

图3-6　垛形

不同立面的货垛都有各自的特点。矩形垛易于堆码，便于盘点计数，库容整齐，但随着堆码高度的增加货垛稳定性就会下降。三角形、梯形和半圆形垛的稳定性好，便于苫盖，但是不便于盘点计数，空间的利用低于矩形货垛。

（二）物品苫垫

物品苫垫是指用某种材料对货垛进行苫盖和铺垫的操作和方法。物品在储存保管中进行合理的上盖和下垫，是保护物品质量的必要措施。

物品苫垫是否合理将关系到储存物品的安全和质量，在选择具体的苫垫方式时应考虑物品的性能、季节气候的变化以及是否便于物品的管理。

1.物品苫盖

苫盖是指采用专用苫盖材料对货垛进行遮盖，以减少自然环境中的阳光、雨、雪、风、露、霜、尘、潮气等对物品的侵蚀、损害，并使物品由于自身理化性质所造成的自然损耗尽可能减少，保护物品在储存期间的质量。特别是露天存放的物品在码垛以后，一般都应进行妥善的苫盖，以避免物品受损。需要苫盖的物品，在堆垛时应根据物品的特性、堆存期的长短、存放货场的条件，注意选择苫盖材料和堆码的垛型（图3–7）。

图3–7　利用塑料布进行物品苫盖

（1）苫盖的要求。物品苫盖的基本要求是顶面必须倾斜，避免雨雪后积水渗入货垛，苫盖物不能苫到地面，苫盖物的下端应离开地面1厘米以上，避免阻碍货垛通风和对地面雨雪积水产生虹吸现象。苫盖物必须捆扎牢固，防止被风刮落。苫盖的具体要求：

①选择合适的苫盖材料。苫盖材料本身对物品是否会发生不良反应，从成本上考虑苫盖材料与物品的性价比是否恰当，苫盖物是否适宜当地气候等（图3–8）。

塑料布

席子

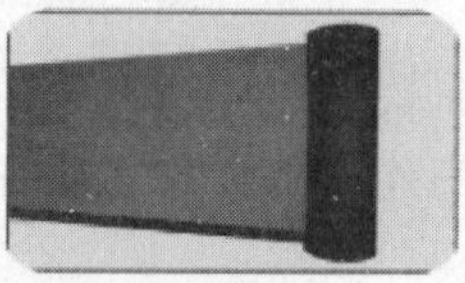

油毡

铁皮

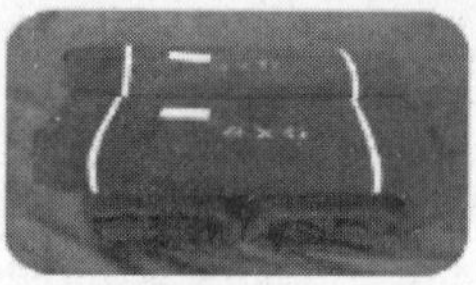

苫布

图3–8　各种苫盖材料

②苫盖要牢固，特别是露天库场存放的物品。若经常受台风袭击的地区，贵重物品、散装粉末类物品尽量避免在露天货场存放。

③苫盖接口要紧密。由于物品或场地的需要，苫盖必须有接口时，要拴牢或压实，要有一定深度的互相叠盖，不能留迎风接口或留空隙，苫盖必须拉挺、平整，不得有折叠和凹陷，防止积水。

④苫盖的底部与垫垛平齐不远离或拖地。

（2）苫盖的方法。

①就垛苫盖法。直接将大面积苫盖材料覆盖在货垛上遮盖，适用于起脊垛或大件包装物品。一般采用大面积的帆布、油布、塑料膜等。就垛苫盖法操作便利，但基本不具有通风条件。因此，就垛苫盖法适合于对通风要求不高的物品，要注意地面干燥（图3-9）。

②鱼鳞式苫盖法。将苫盖材料从货垛的底部开始，自下而上呈鱼鳞式逐层交叠围盖。该法一般采用面积较小的席、瓦等材料苫盖。鱼鳞式苫盖法具有较好的通风条件，但每件苫盖材料都需要固定，操作比较烦琐复杂（图3-10）。

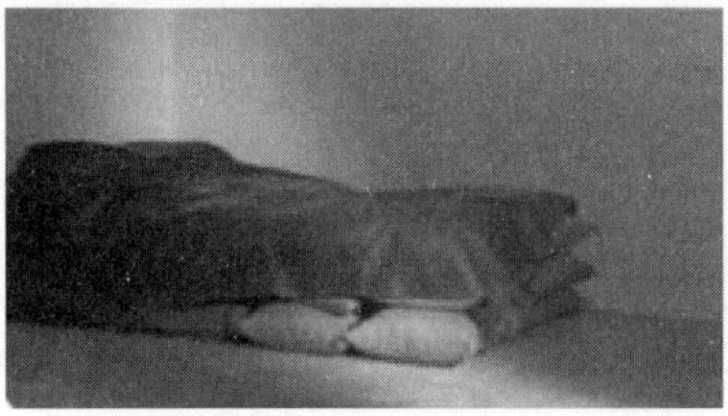

图3-9　就垛苫盖法

图3-10　鱼鳞式苫盖法

③固定棚架苫盖法。用预制的苫盖骨架与苫叶合装而成的简易棚架，但不需基础工程，可随时拆卸和人力移动（图3-11）。

④活动棚架苫盖法。与固定棚架不同的是，棚架四周及顶部铺围苫盖物，在棚柱底部装上滚轮，整个棚架可沿固定轨道移动。活动棚本身需要占用仓库位置，固定轨道要占用一定使用面积，需要较高的购置成本（图3-12）。

⑤隔离苫盖法。此方法与简易苫盖法的区别在于苫盖物不直接摆放在货垛上，而是采用隔离物使苫盖物与货垛间留有一定空隙。隔离物可用竹竿、木条、钢筋、钢管、隔离板等。此法优点是利于排水通风（图3-13）。

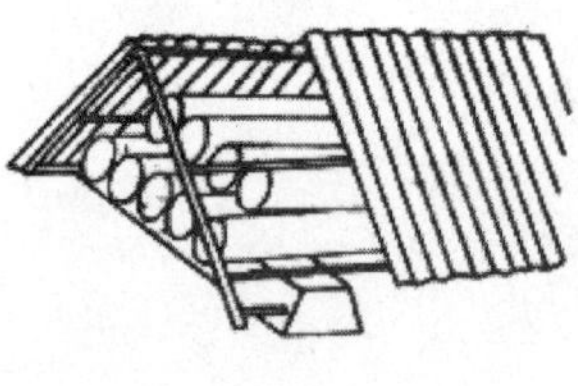

图3-11　固定棚架苫盖法

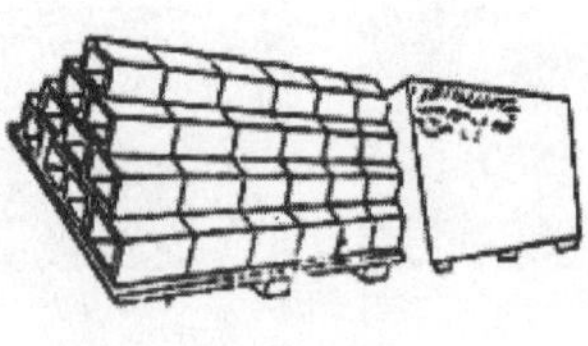

图3-12　活动棚架苫盖法

图3-13　隔离苫盖法

2.物品垫垛

垫垛是指在货物码垛前，在预定的货位地面位置，使用衬垫材料进行铺垫。

（1）垫垛目的。垫垛的目的是使地面平整；堆垛货物与地面隔离；地面杂物、尘土与货物隔离；货物的泄漏物留存在衬垫之内，不会流动扩散，便于收集和处理；通过强度较大的衬垫物使重物的压力分散，避免地坪的损伤。

（2）垫垛的基本要求。

①衬垫物应具有足够的抗压强度。

②地面要平整坚实、衬垫物要摆平放正，并保持同一方向。

③层垫物间距适当，直接接触货物的衬垫面积与货垛底面积相同。

④要有足够的高度，露天堆场要达到0.3~0.5米，库房内0.2米即可。

（3）垫垛材料。常见的衬垫物有：枕木、废钢轨、货板架、木板、帆布、芦席、钢板等。

设：n为衬垫物数量；Q_m为物品重量；L为衬垫物长度；W为衬垫物宽度；q为仓库地坪承载能力；$Q_{自}$为衬垫物自重。

一块垫垛物的面积=$L \times W$，n块垫垛物的面积=$n \times (L \times W)$，

在$(L \times W)$面积上仓库地坪承载的重量=$L \times W \times q$，

则需要垫垛物数量$n \times (L \times W \times q) = nQ_{自} + Q_m n = Q_m / (L \times W \times q - Q_{自})$

例如：

有一个仓库库内存放了一台自重30t的设备，该设备底架为两条2m × 0.2m的钢架。

该仓库库场单位面积技术定额为3t/m^2，问是否垫垛？如何采用2m × 1.5m，自重0.5t的钢板垫垛？

货物对地面的压强为30t/（2 × 0.2 × 2）=37.5t/m^2

远远超过库场单位面积技术定额，必须垫垛。

假设衬垫钢板为n块，根据：重量（含衬垫重量）＝面积 × 库场单位面积技术定额，

则为：$30 + n \times 0.5 = 3 \times n \,(2 \times 1.5)$ $n = 3.53 \approx 4$块

则需要使用4块钢板衬垫。将4块钢板平铺展开，设备的每条分别均匀地压在两块钢板之上。

三、商品养护

养护，即保养和维护之意，即指储存过程中对商品所进行的保养和维护工作。在储存期间，对商品进行养护，有利于维护商品的质量，降低商品的损耗，有效地维护商品的使用价值，满足市场的需求。“预防为主，防治结合”是商品养护的基本方针。

（一）影响库存商品变化的因素

1.影响库存商品变化的内部因素

商品的组成成分、分子结构及其所具有的理化性质、机械性质等，决定了其在储存期发生损耗的可能程度。通常情况下，有机物比无机物易发生变化，固态物品比液态物品稳定且易保存保管，液态物品又比气态物品稳定并易保存保管；化学性质稳定的物品不易变化、不易产生污染；物理吸湿性、挥发性、导热性都差的不易挥发；机械强度高、韧性好、加工精密的物品易保管。

2.影响库存商品变化的外部因素

（1）自然因素。自然因素主要指温度、湿度、有害气体、日光、雨露、尘土杂物、虫鼠雀害、自然灾害等。

（2）人为因素。人为因素指人们因为按物品自身特性的要求或未认真按有关规定和要求作业，甚至违法操作规程而使物资受到损害和损失的情况。具体包括：①场所选择不当；②包装不合理；③装卸搬运不合理；④堆码苫垫不合理；⑤违章作业。

（3）商品的储存期。

货物在仓库滞留时间越长，受各种因素影响而发生变化的可能性就越大，且发生变化的程度也越深。因此，仓库要坚持先进先出的发货原则，并加强货物盘点和在库检查的管理工作。

（二）减少库存商品质量变化的措施

减少库存商品质量变化的措施主要有：

（1）控制和调节库房温、湿度。常用的方法有通风、密封、吸潮等方法（图3-14）。

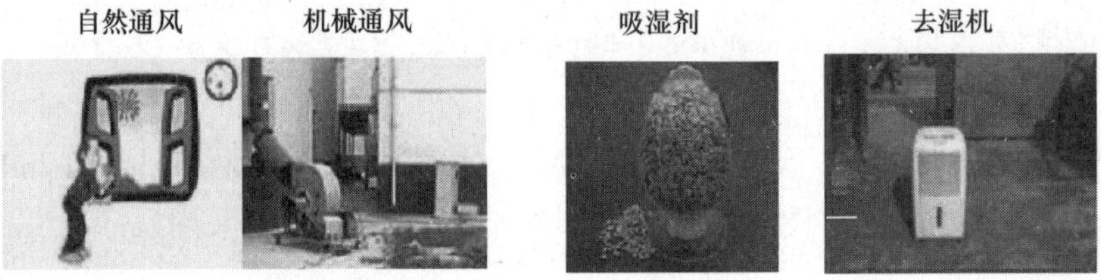

图3-14　通风、吸潮

（2）金属商品的防锈和除锈。防锈措施主要有：控制和改善储存条件；涂油防锈、涂防锈底漆、气相防锈。除锈措施主要有：手工除锈、机械除锈、化学除锈、电化学除锈。

（3）库存商品的防虫害。

（4）库存商品的防霉变腐烂。

四、商品盘点

商品盘点是指定期或临时核对商品实际数量与保管账上的数量是否相符，检查有无残缺和质量问题。

（一）商品盘点的方法

商品检查和盘点的方法主要有以下几种：

（1）动态盘点法。也称为永续盘点法，是指对收发动态的库存物进行盘点，清查其余额及账卡。

（2）重点盘点法。重点盘点法是指对那些进出频繁的，或者易损耗的，又或者是价格昂贵的库存物进行盘点。

（3）全面盘点法。也称定期盘点法，是指对在库保管的全部库存物，按照规定的日期进行全面盘点。

（4）循环盘点法。又称循环记数法，是指在一定时期内对所有库存物分别进行盘点的方法，可使用ABC方法分类。

（二）盘点的内容

1.查数量

通过点数、计数查明物品在库的实际数量，核对库存账面资料与实际库存数量是否一致。

2.查质量

检查在库物品质量有无变化，有无超过有效期和保质期，有无长期积压等现象，必要时还必须对物品进行技术检验。

3.查保管条件

检查保管条件是否与各种物品的保管要求相符合。如堆码是否合理稳固，库内温度是否符合要求，各类计量器具是否准确等。

4.库存安全状况

检查各种安全措施和消防、器材是否符合安全要求，建筑物和设备是否处于安全状态。

（三）仓库盘点作业的步骤

1.盘点前的准备

仓库盘点作业的事先准备工作是否充分，完全决定了仓库盘点作业进行的顺利程度。

2.盘点时间的确定

一般来说，为保证账物相符，货物盘点次数越多越好，但盘点需投入人力、物力、财力，所以合理地确定盘点时间非常必要。

3.盘点作业的方法

因为不同现场对盘点的要求不同，盘点作业的方法也会有差异，为尽可能快速准确地完成仓库盘点作业，必须根据实际需要确定盘点方法。

盘点作业方法主要分为账面盘点、实物盘点和账物盘点。

4.盘点人员的培训

盘点人员通常应进行培训，熟悉盘点现场、盘点物品以及正确填制表格和单证。

5.盘点现场的清理

盘点现场即仓库的作业区域，仓库盘点作业开始之前必须对其进行整理，以提高仓库盘点作业的效率和盘点结果的准确性。

6.仓库盘点作业

仓库盘点作业的关键是点数，由于手工点数工作强度极大，差错率较高，通常可采用条形码进行盘点，以提高盘点的速度和精确性。

7.查找盘点差异的原因

通过盘点发现账物不符，而且差异超过容许误差时，应立即追查产生差异的主要原因。

8.盘点盘盈、盘亏的处理

差异原因查明后，应针对主要原因进行适当的调整与处理，至于呆滞品、废品、不良品减价的部分需与盘亏一并处理。

9.盘点结果的评估检讨

通过对盘点结果的评估，可以查出作业和管理中存在的问题并通过解决问题提高仓储管理水平，以减少仓储损失。

五、库存控制

库存控制是在保障供应的前提下，使库存物品的数量最少所进行的有效管理的经济技术措施。从现代物流管理的仓储角度看，持有库存可以使企业获得规模经济效益及好的客户服务水平，但库存使企业付出的高代价投资。因此库存管理是仓储管理领域所面临的一个重要问题。

（一）库存的分类与成本构成

库存是指在仓库中处于暂时停滞状态、用于未来的、有经济价值的物品或商品。广义的库存还包括处于制造加工状态和运输状态的物品。通俗地说，库存是指企业在生产经营过程中为了将来的耗用或者在销售过程中为了将来的销售而储备的物品。

1.库存的分类

库存可以从库存物品的经济用途、存放地点、来源、所处状态或从生产角度和经营角度等几个方面来分类。

（1）按经济用途分类。库存按其经济用途通常可分为商品库存、制造业库存和其他库存三类。

①商品库存。指企业购进后供转售的货物。其特征是在转售之前，保持其原有实物形态。

②制造业库存。指购进后直接用于生产制造的货物。其特点是在出售前需要经过生产过程，改变其原有的实物形态或使用功能。具体分类如下：材料、在制品、半成品、制成品。

③其他库存。指除了以上库存外，供企业一般耗用的用品和为生产经营服务的辅助性物品。其主要特点是满足企业的各种消耗性需要，而不是为了将其直接转售或加工制成产品后再出售。

（2）按存放地点分类。库存按存货地点可分为库存存货、在途库存、委托加工库存和委托代销库存四类。

（3）按库存来源分类。库存按其来源可分为外购库存和自制库存两类。

（4）从物品所处状态分类。从库存物品所处状态可分为静态库存和动态库存。静态库存指长期或暂时处于储存状态的库存，这是人们一般意义上认识的库存概念。实际上广义的库存还包括处于制造加工状态或运输状态的库存，即动态库存。

（5）从生产过程的角度分类。从生产过程的角度可分为原材料库存、零部件库存及半成品库存、成品库存三类。

（6）从经营过程的角度分类。从经营过程的角度可将库存分为以下七种类型：

①经常库存。指企业在正常的经营环境下为满足日常的需要而建立的库存。这种库存随着每日的需要不断减少，当库存降低到某一水平时（如订货点），就要进行订货来补充库存。这种库存补充是按一定的规则反复进行的。

②安全库存。指为了防止由于不确定因素（如大量突发性订货、交货期突然延期等）而准备的缓冲库存。

③生产加工和运输过程的库存。生产加工过程库存指处于加工状态以及为了生产的需要暂时处于储存状态的零部件、半成品或制成品。运输过程的库存指处于运输装提或为了运输目的而暂时处于储存状态的物品。

④季节性库存。指为了满足特定季节中出现的特定需要而建立的库存，或指季节性出产的原材料在出产的季节大量收购所建立的库存。

⑤促销库存。指为了对应企业的促销活动产生的预期销售增加而建立的库存。

⑥投机库存。指为了避免因货物价格上涨造成损失或为了从商品价格上涨中获利而建立的库存。

⑦积压库存。指因物品品质变坏不再有效用的库存或因没有市场销路而卖不出去的商品库存。

2.库存成本的构成

要进行库存控制，首先需要了解库存成本的构成以及库存成本的特点。库存成本主要分为订货成本、保管成本、缺货成本和进货成本与购买成本。

（1）订货成本。订货成本是指企业为了实现一次订货而进行的各种活动的费用，包括处理订货的差旅费、订货手续费、通信费、招待费等支出。

订货成本有一部分与订货次数无关，如常设采购机构的基本开支等，称为订货的固定成本，用F_1表示。另一部分与订货次数有关，如差旅费、邮资等，称为订货的变动成本，每次订货的变动成本用K表示。订货次数等于存货年需求量D与每次进货量Q之商。其公式为：

$$订货成本=F_1+D/Q\times K$$

订货成本的特点是，在一次订货中，订货成本与订货量的多少无关。总订货成本与订货次数有关，订货次数越多，总订货成本越多。

（2）保管成本。保管成本是指在保管过程中为保管物品而发生的全部费用，包括：入库、出库时的装卸、搬运、堆码、检查费用；保管用具用料费用；仓库房租水电费用；保管人员的工资费用；保管过程中的货损货差；保管物品占用资金的银行利息等。

保管成本的特点是保管成本与被保管物品的数量的多少和保管时间的长短有关。被保管物品的数量越多，保管时间越长，所承担的保管费用也就越高。

（3）缺货成本。缺货成本是指由于库存供应中断而造成的损失，包括原材料供应中断造成的停工损失、产成品库存缺货造成的延迟发货损失和丧失销售机会的损失（还应包括商誉损失）。

缺货成本的确定与企业是否允许出现库存短缺的不同情况而定。若允许缺货，则缺货成本便与存货数量反向相关；若不允许缺货，则缺货成本为零。

（4）进货成本与购买成本。进货成本是指在进货途中为进货所发生的全部支出，包括运杂费、包装费、装卸费、租赁费等。购买成本即购买货物的原价。它们的特点是当订货的数量、订货的地点确定以后，总的购买成本和总的进货成本是确定不变的，不会随着进货批量的变化而变化。也就是说，进货成本和购买成本与订货数量无关，批量大小都不会影响其总进货成本和总购买成本。这种与订货批量无关的成本称为固定成本，而把那些与订货批量有关的成本称为变动成本。因此，进货成本与购买成本是固定成本，而订货成本、保管成本、缺货成本是可变成本。

（二）订货点技术

库存控制的重点是对库存量的控制，订货点技术是传统的库存控制方法，它是从影响实际库存量的两个方面入手，即一是销售（消耗）的数量和时间，二是进货的数量和时间，来确定商品订货的数量和时间，从而达到控制库存量的目的。因此，订货点技术的关键在于把握订货的时机，具体的方法包括定量订货法和定期订货法。

1.定量订货法

（1）定量订货法的原理。预先确定一个订货点Q_k和订货批量Q^*，在销售过程中，随时检查库存，当库存下降到Q_k时，就发出一个订货批量Q^*，一般取经济批量EOQ（Economic Order Quantity）。它主要靠控制订货点和订货批量两个参数来控制订货，达到既能满足库存需求，又能使总费用最低的目的，见图3-15。

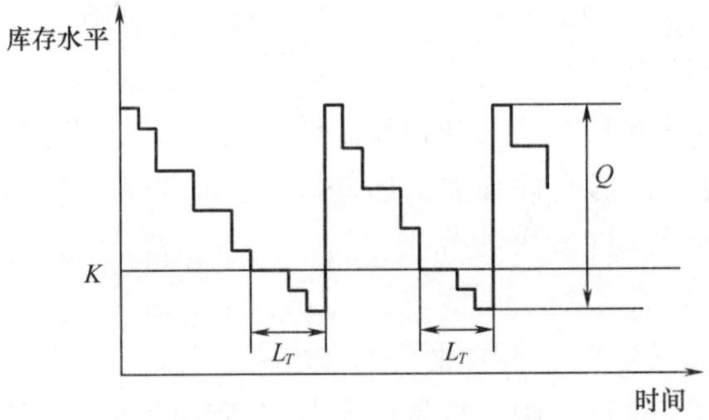

图3-15　定量订货法原理

（2）定量订货法参数的确定。定量订货法的实施主要取决于两个控制参数：一个是订货点，即订货点库存量；另一个是订货批量，即经济批量。

①订货点的确定。影响订货点的因素有三个：订货提前期、平均需求量和安全库存。根据这三个因素可以简单地确定订货点。

1）需求不变时的订货点。在需求和订货提前期确定的情况下，不需设安全库存：

订货点=订货提前期（天）×全年需求量／360

［例3-1］某仓库每年出库商品业务量为18000箱，订货提前期为10天，试计算订货点。

解：订货点=10天×（18000箱÷360天）=500箱

2）需求和订货提前期都不确定。在需求和订货提前期都不确定的情况下需设安全库存：

订货点=（平均需求量 × 最大订货提前期）+安全库存

安全库存需要用概率统计的方法求出，公式为

$$安全库存=安全系数\times\sqrt{最大订货提前期}\times需求变动值$$

安全系数可根据缺货概率查安全系数表3-7得到；最大订货提前期是指超过正常的订货提前期时间。需求变动值可用下列两种方法计算：

第一种方法，统计资料期数较少时：

$$需求变动值=\sqrt{\frac{\sum(y_i-\bar{y})^2}{n}}$$

式中：y_i为各期需求量实际值；y为各期需求量实际均值。

［例3-2］某商品在过去三个月中的实际需求量分别为：一月份126箱，二月份110箱，三月份127箱。最大订货提前期为2个月，缺货概率根据经验统计为5%，求该商品的订货点。

解：平均月需求量=（126+110+127）/3=121（箱）

缺货概率为5%，查表得：安全系数=1.65

$$需求变动值=\sqrt{\frac{(126-121)^2+(110-121)^2+(127-121)^2}{3}}$$
$$=7.79$$
$$=1.65\times2\times7.79=19(箱)$$

订货点 =（平均需求量 × 最大订货提前期）＋安全库存

=121 × 2+18.17=261（箱）

第二种方法，在统计资料期数较多时：

$$需求变动值=R/d_2$$

式中：R为资料中最大需求量和最小需求量的差；d_2为随统计资料期数多少而变动的常数，可查表3-8得到。

表3-7　安全系数表

缺货概率（%）	30.0	27.4	25.0	20.0	16.0	15.0	13.6
安全系数值	0.54	0.60	0.68	0.84	1.00	1.04	1.10
缺货概率（%）	11.5	10.0	8.1	6.7	5.5	5.0	4.0
安全系数值	1.20	1.28	1.40	1.50	1.60	1.65	1.75
缺货概率（%）	3.6	2.9	2.3	2.0	1.4	1.0	
安全系数值	1.80	1.90	2.00	2.05	2.20	2.33	

表3-8　随资料期数而变动的d_2值

n	2	3	4	5	6	7	8	9	10	11	12	13
d_2	1.128	1.693	2.059	2.326	2.534	2.704	2.847	2.970	3.078	3.173	3.258	3.336
$1/d_2$	0.8865	0.5907	0.4857	0.4299	0.3946	0.3698	0.3512	0.3367	0.3249	0.3152	0.3069	0.2998
n	14	15	16	17	18	19	20	21	22	23	24	
d_2	3.407	3.472	3.532	3.588	3.640	3.689	3.735	3.778	3.820	3.858	3.896	
$1/d_2$	0.2935	0.2880	0.2831	0.2787	0.2747	0.2711	0.2677	0.2647	0.2618	0.2592	0.2567	

②订货批量的确定。在定量订货中，对每一个具体的品种而言，每次订货批量都是相

同的，所以对每个品种都要制定一个订货批量，通常以经济批量作为订货批量。

所谓经济订货批量就是使库存总成本达到最低的订货数量，它是通过平衡订货成本和储存成本两方面得到的，其计算公式为：

$$Q^* = \sqrt{\frac{2DS}{C_i}}$$

式中：Q^*为经济订货批量；D为商品年需求量；S为每次订货成本；C_i为单位商品年保管费。

［例3–3］某仓库某种商品年需求量为16000箱，单位商品年保管费2元，每次订货成本为40元，求经济订货批量Q^*。

解：

$$Q^* = \sqrt{\frac{2 \times 16000 \times 40}{2}} = 800（箱）$$

采用经济批量法来确定订货量，在实际操作时还需要调整，使其尽可能接近一个包装单元，或者是它们的倍数，这样便于发货和配送运输。

（3）定量订货法的优缺点。

①优点：控制参数一经确定，操作简单；订货、出入货作业方便。

②缺点：要随时掌握库存动态；模式机械，不具有灵活性； 订货时间不能预先确定。

2.定期订货法

（1）定期订货法的原理。定期订货法是按预先确定的订货时间间隔进行订货补充的库存管理方法。定期订货法是基于实际的订货方法，它设定订货周期和最高库存量，从而达到控制库存量的目的，见图3–16。

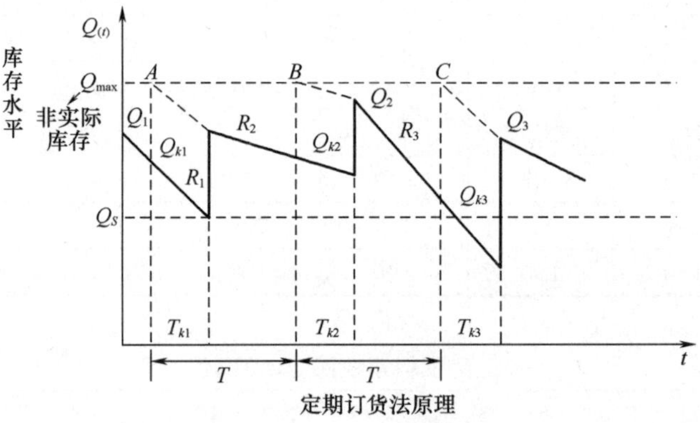

图3–16 定期订货法原理

定期订货法的实施需要解决三个问题：①订货周期T如何确定？②最高库存量Q_{max}如何确定？③每次订货的批量如何确定？

（2）定期订货法的控制参数。

①订货周期的确定。定期订货法中，订货周期决定了订货时机，也就是定期订货法的订货点。订货周期，就是订货间隔期。订货间隔期的长短，直接决定了最高库存量的大

小，也就决定了仓库库存水平的高低，因而决定了库存费用的大小。所以订货周期不能太大，太大了，就会使库存水平过高，也不能太小，太小了，订货批次太多，增加了订货费用。从费用角度出发，要使总费用达到最小，可以采用经济订货周期的方法来确定订货周期T，其公式为

$$T=\sqrt{2S/C_i \cdot R}$$

式中：T为经济订货周期；S为单次订货成本；C_i为单位商品年储存成本（元/件·年）；R为单位时间内库存商品需求量（销售量）。

实际上，订货周期也可以根据企业的生产周期或供应周期等进行调整，从而确定一个合理的可行的订货周期。例如：根据自然日历习惯，例如以月、季、年等。

②最高库存量的确定。定期订货法的最高库存量应该以满足T期间的需求量为依据，即可以取最高库存量等于T期间的总需求量。

$$Q_{max}=R \times T+Q_s$$

式中：Q_{max}为最高库存量；R为T期间的库存需求量平均值；T为订货周期；Q_s为安全库存量。

③订货批量的确定。定期订货法每次的订货数量是不固定的，订货批量的多少都是由当时的实际库存量的大小决定的，考虑到订货点时的在途到货量和已发出出货指令尚未出货的待出货数量，则每次订货的订货量的计算公式为：

$$Q_i=Q_{max}-Q_{Ni}-Q_{Ki}+Q_{Mi}$$

$$=R \times T+Q_s-Q_{Ni}-Q_{Ki}+Q_{Mi}$$

式中：Q_i为第i次订货的订货量；Q_{max}为最高库存量；Q_{Ni}为第i次订货点的在途到货量；Q_K为第i次订货点的实际库存量；Q_{Mi}为第i次订货点的待出库货数量。

④订货时间。订货时间要考虑订货至到货所要的时间，需要有订货提前期。订货单的下达时间应在订货提前期之前。

（3）定期订货法的优缺点。

①优点：通过订货数量调整，减少超储；周期盘点比较彻底、精确，提高了工作效率；库存管理的计划性强。

②缺点：需要较大的安全库存量来保证；每次订货的批量不固定；适合于独立物质需求，运营成本高，经济性差。

3.ABC分类管理法

（1）ABC分类法的原理。ABC分类法源于帕累托曲线。1879年意大利经济学家帕累托在研究财富的社会分配时得出一个重要结论：80%的财富掌握在20%人的手中，即“关键的少数和次要的多数”规律。事实上，这一规律存在于社会的各个领域，称为帕累托现象。

ABC库存管理方法运用数理统计的方法，对库存货物进行分类，以找出占用大量资金的少数库存货物，并加强对它们的控制与管理；对那些占用少量资金的大多数货物，则实行较简单的控制和管理。一般地，人们将价值比率为65%～80%、数量比率为15%～20%

的物品划为A类；将价值比率为15%～20%、数量比率为30%～40%的物品划为B类；将价值比率为5%～15%、数量比率为40%～55%的物品划为C类。

（2）ABC库存分类管理法的操作步骤。

①分析收集数据；

②统计汇总；

③编制ABC分类表；

④绘ABC分析图；

⑤确定重点管理方式。

（3）ABC库存管理措施。

对物品实施ABC分类的目的就是要对不同种类的物品进行轻重有别的管理。一般地说，对于低价值的C类物品，应维持较高的库存以避免缺货；对于高价值的A类物品，则应利用省下来的资源（时间、资金等），集中力量进行分析与控制以减少库存。具体地说，对于A、B、C类物品，在确定控制的松紧程度、赋予优先权、订购和做存量记录各方面都应区别对待。

①A类物品：应尽可能施以紧的控制，包括最完整、精确的记录，最高的作业优先权，高层管理人员经常检查，小心精确地确定订货量和订货点，紧密地跟踪措施以使库存时间最短。

②B类物品：正常的控制，包括做记录和固定时间的检查；只有在紧急情况下，才赋予较高的优先权；可按经济订购批量订货。

③C类物品：尽可能简单地控制，如设立简单的记录或不设立记录，可通过半年或一年一次的盘存来补充大量的库存，给予最低的优先作业次序等。

（三）现代库存管理技术

1.MRP库存控制法

（1）MRP的基本原理。MRP是物料需求计划（Material Requirement Planning system）的简称，这种方法是由美国著名生产管理和计算机应用专家欧·威特和乔·伯劳士在对多家企业进行研究后提出来的。MRP被看作是以计算机为基础的生产计划与库存控制系统。MRP的基本原理是，由主生产进度计划（Master Production Schedule，MPS）、主产品结构文件（Bill Of Materials，BOM）和产品库存文件（Product Inventory File）逐个地求出主产品所有零部件的生产时间和生产数量，把这个计划叫做物料需求计划。

（2）MRP系统的运行步骤。

①根据市场预测和客户订单，正确编制可靠的生产计划和生产作业计划，在计划中规定生产的品种、规格、数量和交货日期，同时，生产计划必须是同现有生产能力相适应的计划。

②正确编制产品结构图和各种物料、零件的用料明细表。

③正确掌握各种物料和零件的实际库存量。

④正确规定各种物料和零件的采购交货日期以及订货周期和订购批量。

⑤通过MRP逻辑运算确定各种物料和零件的总需要量以及实际需要量。

⑥向采购部门发出采购通知单或向本企业生产车间发出生产指令。

2.JIT库存控制法

（1）JIT简介。JIT反映了生产制造业追求优秀的一种理念，其基本点是有计划地消除所有的浪费，持续不断地提高生产率。从原材料到产成品的所有过程消除一切浪费，强调零库存，以零缺陷为目标改善产品质量，通过减少准备时间、队列长度和批量达到缩短提前期，改进操作过程，并且以最小成本来实现这些目标。

（2）JIT基本原理。JIT的基本原理是以需定供。即供方根据需方的要求（或称看板），按照需方需求的品种、规格、质量、数量、时间、地点等要求，将物品配送到指定的地点。不多送，也不少送，不早送，也不晚送，所送品种要个个保证质量，不能有任何废品。

（3）JIT生产系统的主要方法。

①看板管理。看板管理方法是在同一道工序或者前后工序之间进行物流或信息流的传递。JIT是一种拉动式的管理方式，它需要从最后一道工序通过信息流向上一道工序传递信息，这种传递信息的载体就是看板。没有看板，JIT是无法进行的。因此，JIT生产方式有时也被称作看板生产方式。

②零库存。零库存是一种特殊的库存概念，零库存并不是等于不要储备和没有储备。所谓的零库存，是指物料（包括原材料、半成品和产成品等）在采购、生产、销售、配送等一个或几个经营环节中，不以仓库存储的形式存在，而均是处于周转的状态。它并不是指以仓库储存形式的某种或某些物品的储存数量真正为零，而是通过实施特定的库存控制策略，实现库存量的最小化。所以“零库存”管理的内涵是以仓库储存形式的某些种物品数量为“零”，即不保存经常性库存，它是在物资有充分社会储备保证的前提下，所采取的一种特殊供给方式。

【知识拓展】

库区的5S管理

5S管理起源于日本，包括整理（SEIRI）、整顿（SEITON）、清扫（SEISO）、清洁（SETKETSU）、素养（SHITSUKE）五个方面，因日语的罗马拼音均以“S” 开头而简称5S管理。

（一）整理

整理是指将工作场所的物品区分为有用的和没用的，除去没用的物品留下有用的。其目的是为了把空间腾出来活用，减少误用、误送，营造清爽的工作环境。

（二）整顿

整顿是指把留下来的有用物品，根据使用状况分门别类，按规定摆放整齐，做到先进先出，并加以明确标识。其目的是让物品摆放一目了然，减少物品的找寻时间，保证材料物品出入有序，工作场所整齐、美观。

（三）清扫

清扫是指工作场所彻底清扫干净，保持工作环境清新、亮丽，防止污染的发生。其目的是为了减少工业伤害，创造良好的作业环境，产品有好品质，员工有好心情。

（四）清洁

清洁是指将前面三个“S”的做法制度化、规范化并习惯执行及维持成果。其目的是为了让前“3S”的成果保持下去，树立加强“5S”的信心。

（五）素养

素养是指养成遵守规定的习惯，其目的是让员工遵守规定并营造良好的团队协作、敬业进取精神。

实施5S管理可产生的效能：①减少浪费；②提高效率；③保证质量；④树立企业形象；⑤产生经济效益。

项目三 商品出库作业

导入案例

吉林玉米中心批发市场玉米储存出库要求

一、包粮出库

1.必须凭市场签发的提货单提货。

2.提货人应出具单位介绍信和本人身份证，并在乙方登记、签字结清相应全部费用。

3.出库重量以实际过乙方经计量检验合格的地磅为准，扣减损耗后，短缺重量由乙方承担。

二、散粮出库

1.玉米散粮出库原则上应以整仓为单位，也可以按实际接货量出库。

2.玉米散粮出库检验标准按吉玉中市〔2006〕8号第2条执行。

3.必须凭市场签发的提货单提货。

4.提货人应出具单位介绍信和本人身份证，并在乙方登记、签字结清相应全部费用。

5.出库重量以实际过乙方经计量检验合格的地磅为准，扣减损耗后，短缺重量由乙方承担。

【案例点评】仓储企业对商品出库环节有严格的管理制度和要求，作为仓储管理人员要熟悉企业仓储管理制度，严格按照商品出库制度要求完成出库业务操作。

学习指南

【学习目标】

知识目标

1.掌握商品出库的要求和形式

2.掌握商品出库作业及流程

能力目标

能够合理组织和完成商品出库作业

【学习重点】

商品出库作业及流程

【学习难点】

商品出库作业及流程

工作任务

职场情境：你作为物美仓储的一名仓库管理员，2012年7月25日，客户（物美集团）采用E-mail的方式要求出库货品。出库方式：自提；提货车牌号：京A38R88；司机：李奇。货品明细如下：

出库货品名称	数量（箱）	明细（盒）
30毫升高夫古龙喷雾香水	200	24×200
75克美凝水活肤洁面乳	240	24×240
200毫升六神润肤浴露	200	24×270

注：客户指令为（200906255001）。

任务要求：请按要求完成出库作业。

（注：本任务利用仓储软件完成。）

知识导航

商品出库作业

商品的出库作业，是指仓库根据业务部门或者客户单位（货主单位）开出的提货单、调拨单等商品出库凭证，按照商品出库凭证所列的商品名称、编号、型号、规格、数量、承运单位等各个具体的项目，组织商品出库的一系列工作的总称。商品出库意味着商品在储存阶段的终止，因此商品出库管理是仓库作业的最后一个环节。商品出库也使得仓库的工作与运输、配送单位，与商品的使用单位直接发生了业务联系。

一、商品出库的依据

商品出库必须依据业务部门或者客户单位（货主单位）开出的“商品出库凭证”，才能出库。不论任何情况下，仓库都不得擅自动用、变相动用或者外借货主的库存商品。

"商品出库凭证"的格式不尽相同（如提货单、领料单、调拨单等），不论采用何种形式，都必须是符合财务制度要求的，有法律效力的凭证，要坚决杜绝凭信誉或无正式手续的发货。

二、商品出库的要求和形式

（一）商品出库的基本要求

（1）出库凭证，手续必须符合要求。

（2）严格遵守仓库有关出库的各项规章制度。

（3）坚持先进先出的原则。

（4）组织好商品的发放工作。

（5）出库商品的包装要符合运输要求。

（二）商品出库的基本方式

商品出库的基本方式有提货，托运，送货，过户，移仓，取样，其中主要的形式是提货，托运和送货3种。

（1）提货。由收货人或其代理持提货凭证直接到库提取，仓库凭单发货。自提具有"提单到库，随到随发"的特点。

（2）托运。托运是物流的一种形式，指托运人委托具有托运资质的公司将货物运输到指定地点，交给指定收货人的服务。

（3）送货。仓库根据合同或货主单位的"商品调拨通知单"等有效凭证，把商品送达收货单位。

（4）过户。过户是一种就地划拨的形式，商品虽未出库，但是所有权已从原库存货户转移到新存货户。仓库必须根据原存货单位开出的正式过户凭证，才予办理过户手续。

（5）取样。货主单位出于对商品质量检验、样品陈列等需要，到仓库提取货样。仓库根据正式取样凭证才予发给样品，并做好账务记录。

（6）转仓。货主单位为了业务方便或改变储存条件，需要将某批库存商品自甲库转移到乙库。仓库也必须根据货主单位开出的正式转仓单，才予办理转仓手续。

三、商品出库作业流程

根据商品在库内的流向或者出库凭证的流转，构成商品出库的各个业务环节的衔接，也就是商品出库流程。通常，商品出库有七个业务环节的衔接，根据仓库管理的实际情况，该流程的工作侧重点会有所差异。

（一）出库准备

商品出库前的准备工作，主要包括包装整理、分拆组装、用品准备、设备调配、人员组织、联络客户等方面的内容。

（二）审核凭证

出库凭证通常包括凭证编号、收货单位或提货单位名称（有些还会注明提货车辆的车号等），发货方式（自提、送货、代运等），商品的名称、型号、规格、数量、重量、单价、总值等以及业务部门或者客户单位的签章等主要内容。

（三）分拣备货

审核出库凭证后，就可以进行分拣和备货了。

仓库保管员按出库凭证所列项目的内容和凭证上的批注，去相应货位对货，核实后进行分拣和备货。一般地，大宗商品或者整批商品出库，就在原货位上备货，不需要进行分拣。而对于不是整批量商品的出库，尤其是发放各种不同品名、不同类型、不同规格的商品，需要进行分拣，将这些商品从库存的货位上分拣出来，再搬运到指定的理货区域待装车。

分拣的方式主要有以下几种：

（1）摘果式拣选作业。摘果式拣选作业又称作“拣取式”、“按单分拣”或“人到货前式”拣取作业。

流程：针对每一份订单，分拣人员按照订单所列商品及数量，将商品从储存区域或分拣区域拣取出来，然后集中在一起。储物货位相对固定，而拣选人员或工具相对运动。一般是一次只为一个客户进行配货作业；在搬运车容积许可而且配送商品不太复杂的情况下，也可以同时为两个以上的客户配货。

（2）播种式拣选作业。播种式拣选作业又称为“分货式”、“批量分拣”。

流程：播种式类似于田野中的播种操作。将多张订单集合成一批，先将需要配送数量较多的同种商品从储存货位取出，集中搬运到发货区，然后组配机械在各个客户的发货位间移动，并依次将各个客户需要的该类商品按照要求的数量分出来。这样。每巡回一次，就将某一种商品分到若干个需要该类商品的客户发货位上。如此反复，直到将每个客户需要的各种商品都配齐，就完成了一次配货作业任务。用户货位固定，分货人员和工具相对运动，又成为“分货式”、“批量分拣”。

（3）复合拣取。为克服按单拣取和批量拣取方式的缺点，也可以采取按单拣取和批量拣取组合起来的复合拣取方式。

备货过程包括理单、销卡、核对、点数、签单等流程。理单是指根据出库凭证所列出库商品的内容，迅速找准库存货位。销卡就是在商品出库时，到商品存放的货位上对悬挂在货垛上的货卡进行核对并登记出库数量。核对是指在销卡后，再进行单（出库凭证）、卡（货卡）、货（实物）三核对。点数就是要仔细清点应发货物的数量，防止差错。签单是为明确责任，要求操作的保管员在货卡上签名并批注结存数，同时在出库凭证上予以签认等。

（四）复核查对

复核查对的主要内容是：

（1）商品的名称、规格、型号、数量等项目是否与出库凭证所列的内容一致。

（2）外观质量是否完好，包装是否完好、正确，是否便于装卸搬运作业。

（3）出库商品的配件（如机械设备等）是否齐全。

（4）出库商品所附证件、单据是否齐全等。

（五）清点交接

商品出库管理清点交接的工作要点主要有：

（1）仓库方面与提货人、承运人等要当面点交。

（2）仓库方面对重要商品、特殊商品的技术要求、使用方法、运输注意事项等，要主动向提货人、承运人交代清楚。

（3）清点交接完毕后，提货人、承运人必须在相关出库单证上签认，同时仓库保管员应做好出库记录。

（六）登账

在各类正规的仓库，商品出库都需要填写出库单。出库的商品清点交接后，仓库工作人员在出库单上认真填写实发数、发货日期等相关项目并签名。仓库门卫通常凭出库单的出门联或者专门的出门单放行出库的商品。

仓库依据业务部门或客户单位的出库凭证和保管人员开具的出库单，按照商品账目日清日结的原则，进行商品账的登录和记载。

（七）现场和档案清理

发货后的库内清理，包括现场清理和档案清理。商品出库后，有的货垛被拆开，有的货位被打乱，有的库内还留有垃圾和杂物等，这就需要对现场进行清理。现场清理的主要内容有：对库存的商品进行并垛、挪位、腾整货位，清扫发货场地、保持清洁卫生，检查相关设施设备和工具是否损坏、有无丢失等。商品出库后，还要整理该批商品的出入库情况和保管保养情况，清理并按规定传递出库凭证、出库单等，相关原始依据要存入商品保管档案，档案要妥善保管，以备查用。

四、商品出库遇到问题的处理

出库中遇到的问题主要有：无单提货、凭证问题、单货不符、包装损坏、货未发完、货已错发等。

（1）无单提货。主要指没有正式提货凭证而要求提货，如以“白条”和电话提货。遇到这种情况，不能发货。

（2）凭证问题。发货前验单时，若发现提货凭证有问题，如抬头、印鉴不符，有涂改痕迹，超过了提货有效期，应立即与货主联系，并向主管部门反映。配货后复核时发现凭证有问题，仓库应立即停止发货作业。总之，手续不符，仓库有权拒绝发货。

（3）单货不符。发货之前验单时，若发现提货凭证所列物资与仓库储存的物资不符，一般应将凭证退回开单单位，经更正确认后，再发货。遇上特殊情况，如出库商品必须立即发运出口，货主要求先行发货，然后更改提货凭证时，经主管部门批准后，可以发货，但应将联系情况详细记录，并在事后及时请货主补办更正手续。若配货后复核时发现所备物资与提货凭证所列不符，应立即调换。

（4）包装损坏。对物资外包装有破损、脱钉、松绳的，应整修加固，以保证运输途中物资安全。若发现包装内的物资有霉烂、变质等质量问题或数量短缺，不得以次充好、以溢余补短缺。

（5）货未发完。仓库发货，原则上是按提货单当天一次发完，如确有困难，不能当日提取完毕，应办理分批提取手续。

（6）货已错发。如果发现货已错发，首先应将情况尽快通知货主，同时报告主管部门负责人，接着应了解物资已运到什么地方。能及时追回的应及时追回。无法追回的，应在货主帮助下，采取措施，尽量挽回损失，然后查明原因，以防再犯。

【知识拓展】

仓库质量管理

1.仓储质量管理的含义和内容

（1）仓储质量管理的含义。

仓储质量管理是指为了实现仓储产品的质量特征所开展的计划、组织、控制和协调活动。

仓储质量管理的含义有广义和狭义之分：

狭义的仓储质量管理是指应用各种科学原理和科学方法对仓储商品进行储存、保养，以保证提供高质量的仓储商品管理。

广义的仓储质量管理是指为了最经济地收、发和保管好适合使用者要求的商品所采取的各种方法体系。

（2）仓储质量管理的内容。

仓储质量管理包括：制定产品的质量标准、达到质量标准的具体方案，组织力量实施质量的保证方案；在实际操作过程中严格开展控制和监督、约束，在实施过程中做好人员之间、部门之间、企业内外的协调和信息沟通以及质量标准在实施中的调整和优化等。

仓储质量管理不仅是企业管理中的一个独立项目，又是贯穿在生产、经营中的管理职能。仓储质量管理表现在独立的质量管理机构开展的质量管理和其他部门在生产、经营、服务中都要进行以质量为标准的管理，包括仓储商务质量管理、经营质量管理、装卸搬运质量管理、交接质量管理、保管质量管理、财务质量管理、机械设备质量管理、后勤保障管理、安全保卫质量管理、服务质量管理等。

2.仓储质量管理的基本方法

（1）开展全面的质量管理。

仓储的全面质量管理是以仓储产品的质量为中心，以最优的质量、最佳的服务、最低的消耗，满足客户的各种需求，运用一定的组织体系和科学的管理方法，动员、组织各部门和全体员工共同努力，提高仓储产品质量。

全面质量管理包括四个方面：

质量管理是全过程的管理。从市场宣传、商务磋商到仓储安排、接受货物、作业、交付、包装、客户保持的全过程都采取全面质量过程。

仓储全面质量管理是一种全员的管理。直接、间接参与仓储活动的所有部门及人员，从企业的高层管理人员到底层的员工都应积极参与质量管理，确保产品质量。

质量管理的对象是全面的。包括仓储计划、仓库设计规划、仓储作业、仓储管理、财务、商务、设备管理、人力资源等各方面。

质量管理的方法是系统的。整个仓储活动的质量管理，需要依据统一的质量标准和质量体系，对所有人员、部门的质量要求必须一致。

（2）采取以防为主的质量管理。

质量管理需要有效地建立质量管理体系，采取严格的质量责任制，通过事先控制、以防为主来保证质量，形成质量管理和保证系统。以事先的要求、事先的检查、事先的防范进行管理，因而需要充分综合现代手段与技术进行质量控制，预先发现问题，提前做好控制工作，确保达到质量标准。

（3）加强细节管理。

虽然说质量管理是一项系统工作，要有规划、有系统地进行，从大处着眼，但是在质量管理中更要重视对细节的质量管理，从仓储、服务的小处入手。通过一系列小变革、小改革，解决小问题，改变小瑕疵，不断进行质量改进的良性循环，不断提高整体质量，这样可以大幅度降低质量管理的成本。

3.仓储质量指标

仓储质量指标是用于反映质量现状的数据，用于判定质量水平的标准，是制定质量改进措施的依据，也是全面质量管理用数据说话的表现。

仓储质量指标最关键的是以下四个大指标：

仓库吞吐量：即仓储的吞吐数量。

月均库存量：每个月的库存平均量，每一个品种、每一个规格、每一个月平均需要多少库存量。

收发正确率：仓库要发货收货，正确率要控制好。

货物完好率：即货物保管的完好率。

四大指标都有计算公式可以套用。不是每一个企业都一样，所以选择其中对企业最有必要的东西即可，并且远远不止这些。

（1）仓库的吞吐量。仓库吞吐量是很多考评指标里的基础数据，没有这个基础数据，下面的公式算不出来。

$$\text{仓库吞吐量}=\text{入库量}+\text{出库量}+\text{直拨量}$$

很多人忽略掉直拨量，以为仓库的吞吐量就是入库量加上出库量。什么叫直拨量？就是有时候没有经过仓库，就直接拉到生产线上，或者直接从配送中心或供应商那边拉到生产线上，这些按照常理是要经过仓库的，所以还是要纳入仓库的吞吐量里。

（2）平均库存量。指统计期内的平均存货数量，它反映了仓库平均库存水平和库容利用程度，反映了仓库有效利用的情况。

$$\text{月均库存量}=(\text{月初库存量}+\text{月末库存量})/2$$

$$\text{年均库存量}=\text{月均库存量之和}/12$$

【案例】

某物品库存1月1日有10000套，1月31日有8000套，这个月的月均库存量就是：（10000+8000）/2=9000套。

年均就是每年平均的库存量，是在每个月平均库存量的基础上算出来的，月均库存量之和除以12，就是每年的平均量。

有了这些数据，就可以算库存的周转率。

（3）收发正确率。表示仓库在某一段时期正确收发货物的程度。从反面看，则表示了收发误差程度。

$$\text{物资收发正确率}=\frac{\text{期内吞吐量}-\text{期内发生收发差错的物资总量}}{\text{同期吞吐量}}\times100\%$$

（4）物资完好率。表示在统计期内货物发生丢失、损坏、变质等质量事故的整体程度。

$$物资完好率=\frac{期内平均库存量-期内丢失、损坏、变质的物资总量}{同期平均库存量}\times100\%$$

其他量化指标：

（5）账卡物相符率。盘点就是要账卡物相符，相符率怎么算呢？要么每个月计，统称月计，要么每个季度盘点。账卡物总的笔数，减掉每个月或者每个季度的账卡物的差错的笔数，再除以每个月或者每个季的账卡物总的笔数，乘以100%。用公式表示如下：

$$账卡物相符率=\frac{月(季)账卡物总笔数-月(季)账卡物差错笔数}{月(季)账卡物总笔数}\times100\%$$

账卡物相符率是对盘点的一个很重要的考评。

（6）货场苫盖率。

货场苫盖率＝（平均苫盖货物量/平均应苫盖货物量）×100%

（7）缺货率。

缺货率一般指生产线短缺的原物料或者零部件，备品、备料、包材等的短缺，包括销售缺成品、缺说明书、缺防伪标志等。

缺货率＝（缺货次数/用户需求次数）×100%

【案例】

有些人说少一本说明书有什么大惊小怪的，但如果缺了一个说明书，就意味着另外一个箱子里可能有两本，一般发货的时候有总量控制，客户买了产品没有说明书怎么办呢？又不可能叫客户过来拿，就要重新再邮寄一份给他，快递费20元。

有些企业做得很严格，邮递一份20元，从责任人工资里扣。

缺货率讲的是缺货次数占总需求次数的比例。如果这一个月总共发货100次，其中有一次缺货，缺货率就是1%。

（8）平均验收的时间。平均验收时间就是验货的速度，同等数量的货，有些人半天就验完了，有的人半个小时就验完了。

$$平均验收时间=\frac{期内各批验收天数之和}{同期验收批次数}(天/批)$$

【案例】

同样是10000套物品，甲来验用2个小时，乙来验用半个小时，那么乙是A类员工，年终可以把照片挂在食堂墙上。有些人手脚特慢，一样东西倒过来倒过去，也可能是因为不用心。

所以，把员工分为A、B、C 三类，同一个工作有些人很快就搞定，有些人就慢悠悠，然后老加班，要加班费。现在很多企业已经规定，除非公司要求加班，同样8个小时，人家能做完，自己为什么做不完，说明自己的工作效率太低。

加快入库的速度，强化出库的质量是工作目标。

（9）赔偿率。赔偿率是指仓库事故造成毁损的损失赔偿和违反行政管理制度的罚款总额占经营收入的比例，表示仓储经营的风险成本。

$$业务赔偿率=\frac{期内业务赔偿罚款总额}{同期业务总收入}\times 100\%$$

仓储业务的赔偿费用率更多的适用于第三方物流公司。

（10）库存周转率。库存周转率是指某时间段的出库总金额（总数量）与该时间段库存平均金额（或数量）的比，是指在一定期间（一年或半年）库存周转的速度。

提高库存周转率对于加快资金周转，提高资金利用率和变现能力具有积极作用。

库存周转率考核的目的在于从财务的角度计划预测整个公司的现金流，从而考核整个公司的需求与供应链运作水平。

很简单的算法，如某制造公司在2003年一季度的销售物料成本为200万元，其季度初的库存价值为30万元，该季度末的库存价值为50万元，那么其库存周转率为200/［（30+50）/2］=5次。相当于该企业用平均40万的现金在一个季度里面周转了5次，赚了5次利润。照此计算，如果每季度平均销售物料成本不变，每季度底的库存平均值也不变，那么该企业的年库存周转率就变为200×4/40=20次。就相当于该企业一年用40万的现金转了20次利润！

库存周转率的计算公式：

库存周转率=（期内使用数量/期内评价库存数量）×100%

使用数量并不等于出库数量，因为出库数量包括一部分备用数量。除此之外也有以金额计算库存周转率的。同样道理使用金额并不等于出库金额。

库存周转率=（期内出库总金额/期内平均库存金额）×100%

以月平均库存周转率为例：

原材料库存周转率=月内出库的原材料总成本/原材料平均库存

在制库存周转率=月内入库的成品物料成本/平均在制库存

成品库存周转率=月销售物料成本/成品在库平均库存

存货周转率= 销售成本/平均存货

存货周转天数=360/存货周转率

【试一试】

国花公司2005年到库物质共2000吨，出库1500吨，年初库存500吨，全年错发错收20吨，丢失2吨、损害5吨，赔偿10000元，另因消防不合格被罚款5000元。全年营业收入300000元。请计算：吞吐量，年平均库存量，物质收发差错率、物资完好率、业务赔偿率。

模块四 配送经营

导入案例

长虹配送中心建立的成效

长虹公司是我国家用彩电电视机最大的厂商，1998年长虹将设置在全国各地的分公司处理的保管和配送等业务，从各分公司中分离出来，设置配送中心，在那里制订有计划地、集中地处理的物流战略计划。

长虹公司过去采取的方法是：将工厂装配好的产品，直接送到各地从事经营的商店，暂时保管，然后再根据客户顾客的订货，配送到客户所在地。不管配送件数多少，各分店中都必须配备送货人员和卡车。运输费用占物流费用的70%以上。

长虹公司意识到，物流费用的必然上升将严重影响企业的竞争力，于是长虹采用商物分离和设置配送中心，构建物流合理化物流计划。

配送中心建立在分公司集中的大城市内，一个中心可承担约20个分公司的商品配送业务。建立配送中心，分公司的车辆和送货人员就可以压缩，这样，就能用较少车辆运送大量货物。更进一步，还可实行从工厂到消费者的一贯制产品运输，这样就可以取得大批量运输等相当好的成效。

【案例点评】这样的例子还有许多，配送中心的建立可以说是各企业所采取的物流合理化措施中具有代表性的措施。这种合理化措施可以降低物流费用，还可以实现规定的服务水平。

学习指南

【学习目标】

知识目标

1.掌握配送经营的模式和配送的方法

2.掌握配送合同的内容与签订

3.掌握配送服务管理的内容

能力目标

1.能够分析选择配送经营模式与配送方法

2.能够完成配送合同的签订

3.能够正确处理配送服务与成本的关系

【项目分解】

工作项目1 配送经营管理

工作项目2 配送合同签订

工作项目3 配送服务管理

知识链接

配　送

中国国家标准《物流术语》（GB/T 18354—2006）将配送定义为：“在经济合理区域范围内，根据用户要求，对物品进行拣选、加工、包装、分割、组配等作业，并按时送达指定地点的物流活动”。

一、配送的特点

从美国及日本等较早开展配送业务的国家看，配送有以下几个特点：

（1）配送是从物流据点至用户的一种特殊送货形式。在整个输送过程中是处于“二次输送”、“支线输送”、“终端输送”的位置，配送是“中转”型送货，其起止点是物流据点至用户。通常是短距离、少量货物的移动。

（2）从事送货的是专职流通企业（配送），用户（企业）需要什么配送什么，而不是生产企业（送货）生产什么配送什么。

（3）配送不是单纯的运输或输送，而是运输与其他活动共同构成的组合体。配送要组织物资订货、签约、进货、分拣、包装、配装等及时对物资分配、供应处理。

（4）配送是以供给者送货到户式的服务性供应。从服务方式来讲，是一种“门到门”的服务，可以将货物从物流据点一直送到用户的仓库、营业所、车间乃至生产线的起点或个体消费者手中。

（5）配送是在全面配货基础上，完全按用户要求，包括种类、品种搭配、数量、时间等方面的要求所进行的运送。因此，除了各种“运”与“送”的活动外，还要从事大量分货、配货、配装等工作，是“配”和“送”的有机结合形式。

二、配送的意义和作用

1.完善了输送及整个物流系统

现代大吨位、高效率运输工具的出现，使干线运输在铁路、海运或公路方面都达到了较高水平，长距离、大批量的运输实现了低成本化。但是，在干线运输之后，往往还要辅以支线转运或小搬运，这种支线运输及小搬运成了物流过程中的一个薄弱环节。这个环节与干线运输相比有着不同的要求和特点，如要求灵活性、适应性、服务性，致使运力往往不能充分利用、成本过高等问题总是难以解决。采用配送方式，从范围来讲将支线运输与小搬运统一起来，使输送过程得以优化和完善。

2.提高末端物流的经济效益

配送中所包含的那一部分运输活动，在整个运输过程中是处于末端输送的位置，其起止点是物流结点至用户。采用配送方式，通过增大订购经济批量实现经济批量，又通过将用户所需的各种商品集中起来一次发货，可以代替过去的分散发货，并使用户以去一处订货代替过去的去多处订货，以一次接货代替过去的频繁接货等。配送以灵活性、适应性、服务性的特点，解决了过去末端物流的运力安排不合理、成本过高等问题，从而提高了末端物流的经济效益。

3.实现企业的低库存或零库存

实现了高水平的配送之后，尤其是采取准时配送方式之后，生产企业可以完全依靠配送中心的准时配送而不需保持自己的库存，或者只需保持少量保险储备而不必留有经常储备，这就可以实现生产企业多年追求的“零库存”，将企业从库存的包袱中解脱出来，同时解放出大量储备资金，从而改善企业的财务状况。同时，我们还应看到配送的功能是将企业外和企业内的两次供应合而为一，承担了企业外部和内部的双重供应，直接将货物供应到车间或流水线，从而取代了原来由商业部门承担的工作，也减少了企业内部的供应库存。实行集中库存，其总量远低于不实行集中库存时各企业分散库存的总量，同时加强了调节能力，提高了社会经济效益。此外，采用集中库存可以利用规模经济的优势，使单位存货成本下降。

4.简化手续，方便用户

每个用户由于自身的实际情况不同，对供应的要求也有所不同。物流结点按照服务范围内用户的需要，批量购进各种物资，与用户建立比较稳定的供需关系。一般实行计划配送，而对少数用户的临时需要，也进行即时配送服务，用户一次购买活动就可以买到多种商品，简化了交易次数及相应的手续。由于配送的“送”的功能，用户不必考虑运输方式、路线及装卸货物等问题，就可在自己的工厂或流水线处接到所需购物品，大大减轻了客户的工作量，节省了开支，方便了客户，从而提高了物流服务质量。

5.提高物资供应保证程度

配送企业依靠自己联系面广、多方组织货源的优势，按用户企业的要求，及时供应。若组织到的货源不能满足用户的需要，配送企业还可利用自己的加工能力进行加工改制，以适应用户的需要，并及时地将货物送到用户手中。

三、配送中心

中国国家标准《物流术语》（GB/T 18354—2006）将配送中心定义为：从事配送业务且具有完善信息网络的场所和组织，应基本符合下列要求：

（1）主要为特定客户或末端客户提供服务。

（2）配送功能健全。

（3）辐射范围小。

（4）提供高频率、小批量、多批次配送服务。

项目一 配送经营管理

导入案例

配送案例

有一个销售企业，主要对自己的销售点和大客户进行配送，配送方法为销售点和大客户有需求就立即组织装车送货，结果经常造成送货车辆空载率过高，同时往往出现所有车都派出去而其他用户需求满足不了的情况。所以销售经理一直要求增加送货车辆，由于资金原因一直没有购车。

【案例点评】显然用买车来解决目前遇到的问题不是有效的办法，这样只能进一步提高车辆空载率，希望通过对配送及相关知识的学习，帮助销售经理提出解决办法。

思考题：

如果你是公司决策人，你会买车来解决送货效率低的问题吗？为什么？

学习指南

【学习目标】

知识目标

1.掌握配送经营的内容

2.掌握配送经营的模式与方法

能力目标

能够熟悉配送模式，合理选择配送经营方法

【学习重点】

配送的方法

【学习难点】

配送的方法

工作任务

职场情境：某配送中心开展以下配送业务：为几家家电经营商配送家电产品；为多家制造企业配送其生产用原材料（品种规格已定。收费标准：按品种、数量）。

任务要求：对于这两种不同的配送业务，在尽量满足客户需要的情况下请你为其选择配送方法。

知识导航

配送经营管理

配送经营管理可以理解为：在配送管理活动中，运用现代的管理思想、先进的管理理论、科学的方法以及市场经济的经营理念，对配送经营活动进行计划、组织、指挥、协调、控制和监督，以实现最佳的协调与配合，充分利用配送资源，降低配送经营管理成本，提高配送经营效益。

一、配送经营管理的内容

配送经营管理既包括配送企业对内部配送业务活动的管理，也包括对整个企业资源的经营活动的管理，即商务活动的管理。

（一）配送业务管理

配送中心业务管理的内容主要包括以下几个方面：

（1）配送中心的选址与建筑决策管理。

（2）配送中心机械作业的选择与配置。

（3）配送中心的日常业务管理。

主要包括：

1）收货业务管理。

2）存货业务管理。

3）发货业务管理。

4）信息系统管理。

5）财务系统管理。

（4）配送中心安全管理。

（5）其他业务管理。

除了以上的业务管理外，配送业务考核问题、新技术和新方法在配送业务管理中的运用问题等都是配送业务管理所涉及的内容。

（二）配送商务管理

配送商务是指配送经营人与需要产品配送的委托人之间的基于配送活动的经济联系，是双方基于配送产品交换的经济活动。

配送商务管理则是配送经营人对配送商务所进行的计划、组织、指挥和控制的过程，属于企业管理的一个方面。

配送商务的具体内容包括以下方面：

①配送经营决策和产品的市场定位。②配送产品的市场宣传。③交易机会搜寻和推销。④交易磋商和订立配送合同。⑤配送成本核算和配送价格确定。⑥合同履行的督促和

履行中的沟通协调。⑦配送合同争议处理和商务风险的防范。⑧客户关系维持和新市场开发。

二、配送经营的模式

（一）按商物是否分离分

1.商流、物流一体化的配送模式

又称为销售配送模式（或配销模式），其模式结构如图4-1所示。

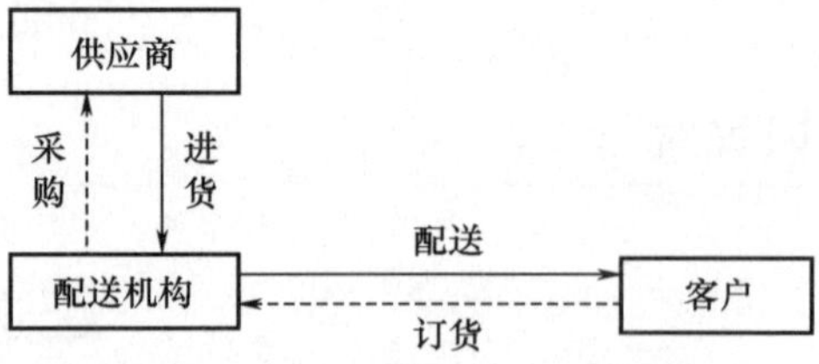

图4-1　商流、物流一体化的配送模式

配送主体是销售企业或生产企业，配送作为促销手段与商流融合在一起。很多从事物流配送活动的组织本身是经销商品的企业，不少物流配送组织附属于生产企业，称作自有型仓库或合作型仓库。这些实体独立从事货物存储、保管、分拣和运送，但这些活动是作为销售活动的延伸而开展的，物流配送活动实为企业的营销手段或策略。它们参与商品交易活动，向用户转让产品所有权，同时向购买者提供货物分拣、加工、配货和运送等物流服务。这种集商流、物流为一体的配送，主要围绕产品销售和提高市场占有率而组织起来，这种销售配送模式是企业实施营销策略的行为模式。

2.商流、物流相分离的配送模式

其模式结构如图4-2所示。

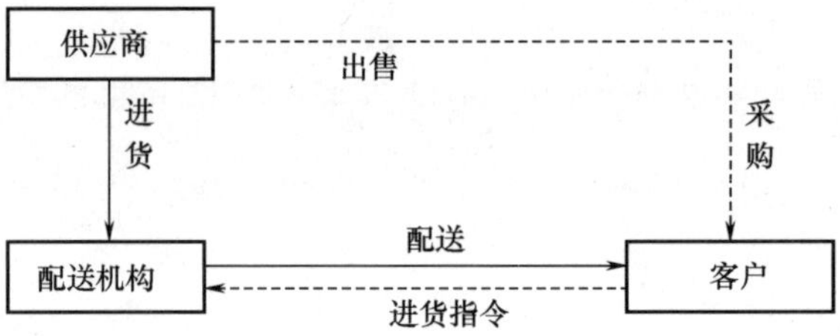

图4-2　商流、物流相分离的配送模式

很多从事配送活动并冠以配送中心的专业组织，本身不购销商品，专门为客户提供货物保管、分拣、加工、运送等系列化服务。这些组织职能通常从工厂或转运站接收货物，然后代客户存储、保管货物，并按客户要求分拣、运送货物至指定接货点。上述组织从事配送活动是纯粹物流活动，业务属于代理物流服务，上述配送活动与商流活动分离，也称为代理配送。这种配送活动是仓储运输业物流服务项目的增加与扩充，宗旨是为生产和市场提供全面物流保障。上述模式特点是：配送企业业务活动较单纯，较单一，占压资金较少。配送活动属于代理性质活动，配送企业收益主要来自服务费，经营风险较小。因占压的资金较少，易扩大服务范围和经营规模。因配送企业不直接掌握货源，在开展配送活动过程中，行为主体的调度和调节能力较差。

（二）按配送组织方式分

1.独立配送模式

独立配送是指配送企业（如配送中心）依靠自己建立起来的组织体系和经营网络独自开

展配送活动的运作形式。独立配送的运作方法是：各个行为主体通过各种渠道分头与客户建立业务关系，各自单独地组织配送活动。在流通实践中，独立配送有时表现为不同的配送主体各自配送多种货物，从而呈现出 “综合配送”（指产品之综合）形态；有时又常常表现为众多的配送组织分别、独自配送某一个品种或某一种类的货物，显现出“专业配送”形态（如金属材料配送、服装配送、油品配送，等等）。自然，独立从事配送活动，配送主体必须根据配送规律和特点分别建立起配套的组织体系和配备专用的设施和设备等。

2.共同配送模式

按照日本工业标准的解释，共同配送是“为提高物流效率，对许多企业一起进行配送”。其运作的具体形式有两种：

（1）由一个配送企业对多家用户进行配送。亦即：由一个配送企业综合某一地区内多个用户的要求，统筹安排配送时间、次数、路线和货物数量，全面进行配送。

（2）仅在送货环节上将多家用户待运送的货物混载于同一辆车上，然后按照用户的要求分别将货物运送到各个接货点，或者运到多家用户联合设立的配送货物接收点上（包括货物）。

3.联合配送

除了上面讲到的共同配送形式以外，在现实生活中还存在着另一种共同配送模式。那就是：若干个配送企业开展协作、联合进行配送的形式。其标准的运作模式是：在核心企业（或调控中心）的统筹安排和统一调度下，各个配送企业分工协作，联合行动，共同对某一地区或某些用户进行配送。其间，各个配送企业可建造共同仓库，也可以共同利用业已建成的配送中心及其他企业的配送设施和设备。

4.集团配送模式

近一二十年，随着生产规模的日趋扩大和生产集约化程度的不断提高，企业的组织结构和组织形式发生了新的变化，企业集团相继形成。在这样的条件下，形成了一种新的配送模式——集团配送模式。

三、配送方法选择

（一）按配送商品的种类和数量分

1.少品种大批量配送

这种配送适用于需要数量较大的商品，单独一种或少数品种就可以达到较大运输量，可实行整车运输，这种商品往往不需要再与其他商品进行搭配，可由专业性很强的公司实行这种配送。此种配送形式主要适用于大宗货物，如煤炭等。

2.多品种少批量配送

按用户要求，将所需的各种商品（每种商品需要量不大）配备齐全，凑成整车后由配送中心送达用户手中。日用商品的配送多采用这种方式。多品种、少批量的配送，适应了现代消费多样化、需求多样化的新观念。

（二）按配送时间及数量分

1.定时配送

按规定的时间间隔进行配送，配送品种和数量可根据用户的要求有所不同。

2.定量配送

按规定的批量进行配送，但不严格确定时间，只是规定在一个指定的时间范围内配送。这种配送计划性强，备货工作简单，配送成本较低。

3.定时定量配送

按规定的准确时间和固定的配送数量进行配送。

不预先确定不变的配送数量，也不预先确定不变的配送时间及配送路线，而是按用户要求分时间、数量进行配送。

（三）按配送的组织者分

1.配送中心配送

其组织者是专门从事商品配送业务的配送中心，规模较大，是社会化大生产分工协作的体现；是商品配送的主要形式。

2.仓库配送

仓库配送是以一般仓库为据点进行配送的形式。

3.商店配送

组织者是商业或物资部门的门市网点。

4.生产企业配送

这种方式避免了一次物资中转，但生产企业，尤其是现代生产企业，往往是进行大批量、低成本生产，品种单一，因而不能像配送中心那样依靠产品凑整运输取得优势。这是配送的一种辅助形式。

（四）按配送专业化程度分类

1.综合配送

综合配送是指配送商品种类较多，不同专业领域的产品在一个配送结点中组织对客户的配送。

2.专业配送

专业配送是指按产品性状不同适当划分专业领域的配送方式。

四、配送需要解决的问题

发展配送需要重点考虑以下问题。

1.总库存量

理论上讲，在一个配送系统中，货物从分散于各个供应商的仓库转移到配送中心，配送中心的库存量加上各个用户在实行配送后的库存量之和应低于实行配送前各用户库存量之和。

库存总量是一个动态量，上述比较应当是在一定经营量前提下。在用户生产有发展之后，库存总量的上升则反映了经营的发展，必须扣除这一因素，才能对总量是否下降做出正确判断。

2.库存周转

由于配送企业的调剂作用，以低库存保持高的供应能力，库存周转一般总是快于原来各企业库存周转。

3.资金方面

总的来讲，实行配送应有利于资金占用降低及资金运用的科学化。一方面，用于资源筹措所占用流动资金总量，随储备总量的下降及供应方式的改变必然有一个较大的降低；另一方面，从资金运用来讲，由于整个节奏加快，资金充分发挥作用，同样数量资金，过去需要较长时期才能满足一定供应要求，配送之后，在较短时期内就能达此目的。所以资金周转是否加快，是衡量配送合理与否的标志。另外，实行配送后，资金必然应当从分散投入改为集中投入，以能增加调控作用。

4.供应保证

实行配送，各用户的最大担心是害怕供应保证程度降低，这是个心态问题，也是承担风险的实际问题。

配送的重要一点是必须提高而不是降低对用户的供应保证能力，才算做到了合理。供应保证能力可以从以下方面判断：

（1）缺货次数。实行配送后，对各用户来讲，该到货而未到货以致影响用户生产及经营的次数，必须下降才算合理。

（2）配送企业集中库存量。对每一个用户来讲，其数量所形成的保证供应能力高于配送前单个企业保证程度，从供应保证来才算合理。

（3）即时配送的能力及速度。这是用户出现特殊情况的特殊供应保障方式，这一能力必须高于未实行配送前用户紧急进货能力及速度才算合理。

5.社会运力的节约

运力使用的合理化是依靠送货运力的规划和整个配送系统的合理流程及与社会运输系统合理衔接实现的。送货运力的规划是任何配送中心都需要花力气解决的问题，而其他问题有赖于配送及物流系统的合理化。

6.用户企业仓库、供应、进货人力物力节约

实行配送后，各用户库存量、仓库面积、仓库管理人员减少为合理；用于订货、接货、做供应的人应减少为合理。

7.促进物流合理化

合理化的配送应做到降低物流费用、减少物流损失、加快物流速度、充分发挥物流的最优效果、干线运输和末端运输得到充分衔接、减少物流的中转次数，另外合理化的配送活动应充分运用各种先进的技术手段。

项目二 配送合同签订

导入案例

配送合同服务纠纷

晨达配送中心与流花食品厂签订配送合同，该厂将货物存储在配送中心。3月20日，

20箱薯片由晨达配送到新世纪超市。到货后，超市收货人在未做验货情况下签收配送单。3月21日，超市人员发现该批薯片大部分由于长期保存不当受潮，且在送货途中颠簸碎裂。超市向流花食品厂进行索赔，但该厂要求晨达进行赔偿，并扣压支付给晨达的各项费用。晨达不服，将配送剩余物强行占有，以超市已签单为由，拒不归还。

【案例点评】配送经营人采取合适方法履行配送义务，配送经营人接受配送物并承担仓储和保管义务，配送经营人返还配送剩余物。委托人处理残料、支付费用。收货人收取货物，有义务进行理算查验。

思考题：

在此事件中，配送人、委托人、收货人三方具有的权利与义务分别是什么？

学习指南

【学习目标】

知识目标

1.掌握配送合同相关内容

2.掌握配送合同签订中应注意的问题

能力目标

能够正确签订配送合同

【学习重点】

1.配送合同的条款

2.配送合同当事人的权利与义务

【学习难点】

配送合同签订中应注意的问题

工作任务

职场情境：小组内成员分组，分别代表配送合同的当事人。

任务要求：自拟配送内容，自由协商，签订一份配送合同。要求合同主要内容完善。

知识导航

配送合同签订

一、配送合同的定义和种类

（一）配送合同的定义

配送合同是指配送经营人与配送委托人签订的有关确定配送服务权利和义务的协议。

或者说，是配送服务经营人收取费用，将委托人委托的配送物品，在约定的时间和地点交付给收货人而订立的合同。委托人可以是收货、发货、贸易经营、商品出售、商品购买、物流经营、生产企业等配送物的所有人或占有人，可以是企业、组织或者个人。

配送合同具有以下性质。

1.无名合同

配送合同不是《合同法》分则的有名合同，不能直接引用《合同法》分则有名合同的规范。因而配送合同需要依据合同法总则的规范，并参照运输合同、仓储合同、保管合同的有关规范，通过当事人签署完整的合同，调整双方的权利和义务关系。

2.有偿合同

配送服务是一种产品，配送服务经营人需要投入相应的物化成本和劳动才能实现产品的生产。独立的配送经营是为了营利的经营，需要在配送经营中获得利益回报。配送经营的营利性决定了配送服务合同为有偿合同。委托人需要对接受配送服务产品支付报酬，配送服务经营人收取报酬是其合同的权利。

3.诺成合同

诺成合同表示合同成立即可生效。当事人对配送服务关系达成一致意见时配送服务合同就成立，合同也即生效。配送服务合同生效后，配送服务方需为履行合同组织力量，安排人力、物力，甚至要投入较多资源，如购置设备，聘请人员。如果说合同还不能生效，显然对配送服务经营人极不公平，因而配送服务合同必须是诺成合同。当事人在合同订立后没有依据合同履行义务，就构成违约。当然，当事人可在合同中确定合同开始履行的时间或条件，时间未到或条件未达到时虽然合同未开始履行，但并不构成合同未生效。

4.长期性

配送服务活动具有相对长期性的特性，配送过程都需要持续一段时期，以便开展有计划、小批量、不间断的配送，实现配送的经济目的。如果只是一次性的送货，则成为运输关系而非配送关系。因而配送合同一般是期限合同，确定一段时期的配送关系；或者是一定数量产品的配送，需要持续较长的时间。

（二）配送合同的种类

1.独立配送合同

由独立经营配送业务的配送企业或个人或兼营配送业务的组织与配送委托人订立的仅涉及配送服务的独立合同。该合同仅仅用于调整双方在配送服务过程中的权利和义务关系，以配送行为为合同标的。

2.附属配送合同

附属配送合同是指在加工、贸易、运输、仓储或其他物质经营活动的合同中，附带地订立配送服务活动的权利和义务关系，配送服务活动没有独立订立合同。附属配送合同主要有仓储经营人与保管人在仓储合同中附带配送协议、运输合同中附带配送协议、销售合同中附带配送协议、物流合同中附带配送协议、生产加工合同中附带配送协议等。

3.配送合同的其他分类

配送合同依据合同履行的期限还可分为定期配送合同和定量配送合同。定期配送合同是指双方约定在某一期间，由配送人完成委托人的某些配送业务而订立的合同。定量配送合同则是配送人按照委托人的要求，对一定量的物品进行配送，直到该数量的物品配送完毕，则合同终止。

配送合同按照配送委托人身份的不同还可分为批发配送、零售配送、工厂配送等合同；依据配送物的不同可分为普通商品配送、食品配送、水果蔬菜配送、汽车配送、电器配送、原材料配送、零部件配送等合同；按照配送服务地理范围的不同可分为市内配送、地区配送、全国配送、跨国配送、全球配送等合同。

二、配送合同的主要条款

无论是独立的配送合同还是附属配送合同都需要对配送服务活动当事人的权利和义务协商达到意见一致，并通过合同条款准确地表述。配送合同的主要条款包括以下几个方面：

1.合同当事人

合同当事人是合同的责任主体，是所有合同都须明确表达的项目。

2.配送合同的标的

配送合同的标的就是将配送物品有计划地在确定时间和确定地点交付收货人。配送合同的标的是一种行为，因而配送合同是行为合同。

3.配送方法

配送方法即配送要求，是合同双方协商同意配送所要达到的标准，是合同标的完整细致的表述，根据委托方的需要和配送方的能力协商确定。配送方法有定量配送、定时配送、定时定量配送、即时配送、多点配送等多种方法。需要在合同中明确时间及其间隔、发货地点或送达地点、数量等配送资料。配送方法还包括配送人对配送物处理的行为约定，如配装、分类、装箱等。配送方法变更的方法，如订单调整等。

4.标的物

被配送的对象，可以为生产资料或生活资料，但必须是动产，有形的财产。配送物的种类品名、包装、单重、尺度体积、性质等决定了配送的操作方法和难易程度，必须在合同中明确。

5.当事人权利与义务

在合同中明确双方当事人需要履行的行为或者不行为的约定。

6.违约责任

约定任何一方违反合同约定时需向对方承担的责任。违约责任约定有违约行为需支付的违约金的数量，违约造成对方损失的赔偿责任及赔偿方法，违约方继续履行合同的条件等。

7.补救措施

补救措施本身是违约责任的一种，但由于配送合同的未履行可能产生极其严重的后果，为避免损失的扩大，合同约定发生一些可能产生严重后果的违约补救方法，如紧急送货、就地采购等措施的采用条件和责任承担等。

8.配送费和价格调整

配送费是配送经营人订立配送合同的目的。配送人的配送费应该弥补其开展配送业务的成本支出和获取可能得到的收益。合同中需要明确配送费的计费标准和计费方法，或者总费用以及费用支付的方法。

由于配送合同持续时间长，在合同期间因为构成价格的成本要素价格发生变化，如劳动力价格、保险价格、燃料电力价格、路桥费等变化，为了使配送方不至于亏损，或者委托方也能分享成本降低的利益，允许对配送价格进行适当调整，在合同中订立价格调整条件和调整幅度的约定。

9.合同期限和合同延续条款

对于按时间履行的配送合同，必须在合同中明确合同的起止时间，起止时间用明确的日期方式表达。由于大多数情况下配送关系建立后，都会保持很长的时间，这就会出现合同不断延续的情况。为了使延续合同不会发生较大的变化，简化延续合同的合同订立程序，往往在合同中确定延续合同的订立方法和基本条件要求，如提出续约的时间、没有异议时自然续约等约定。

10.合同解除的条件

配送合同都需要持续较长时间，为了使在履约中一方不因另一方能力的不足或没有履约诚意而招致损害，或者出现合同没有履行必要和履行可能时，又不至于发生违约，在合同中约定解除合同条款，包括解除合同的条件、解除合同的程序等。

11.不可抗力和免责

不可抗力是指由于自然灾害、当事人不可抗拒的外来力量所造成的危害，如风暴、雨雪、地震、雾、山崩、洪水等自然灾害，还包括政府限制、战争、罢工等社会现象。不可抗力是合同法规定的免责条件，但合同法没有限定不可抗力的具体现象，对于一般认可的不可抗力虽已形成共识，但仅对配送仓储行为影响的特殊不可抗力的具体情况，如道路塞车等以及需要在合同中陈述的当事人认为必要的免责事项需要在合同中明确。不可抗力条款还包括发生不可抗力时的通知、协调方法等约定。

12.其他约定事项

配送物种类繁多，配送方法多样，当事人在订立合同时需充分考虑到可能发生的事件和合同履行的需要，并达成一致意见，是避免发生合同争议的最彻底的方法。特别是涉及成本、行为的事项，更需事先明确，如以下几个方面：

（1）配送容器的使用。合同中约定在配送过程中需要使用的容器或送料箱等的尺度、材料质地；配送容器是免费使用还是有偿使用，在使用中发生损害的维修责任及赔偿约定；空容器的运输；合同期满时容器的处理方法等。

（2）损耗。约定在配送中发生损失时允许耗损的程度、耗损的赔偿责任及配送物超过耗损率时对收货人的补救措施等。

（3）退货。发生收货人退货时的处理方法，一般约定由配送人先行接收和安置，然后向委托人汇报并要求委托人进行处理并费用承担。与退货相类似的还可能约定配送废弃物、回收旧货等的处理方法，配送溢货的处理方法。

（4）信息传递方法。约定双方使用的信息传递系统、传递方法、报表格式等，如采用生产企业的信息网络、每天传送存货报表等约定。

13.争议处理

合同约定发生争议的处理方法，主要是约定仲裁、仲裁机构，或者约定管辖的法院。

14.合同签署

合同由双方的法定代表人签署，并加盖企业合同专用章。私人订立合同的由其本人签署。合同签署的时间为合同订立时间，若两方签署的时间不同，后签时间为订立时间。

三、配送合同的订立

配送合同是双方对委托配送经协商达成一致意见的结果。经过要约和承诺的过程，承诺生效合同成立。在现阶段我国的配送合同订立往往需要配送经营人首先要约，向客户提出配送服务的整体方案，指明配送业务对客户产生的利益和配送实施的方法，以便客户选择接受配送服务并订立合同。

配送合同的要约和承诺可用口头形式、书面形式或其他形式。同样地，配送合同也可采用口头形式、书面形式或其他形式，为非要式合同。但由于配送时间延续较长，配送服务所涉及的计划管理性强；非及时性配送所产生的后果可大可小，甚至会发生如生产线停工，客户流失等重大损失；配送服务过程受环境因素的影响较大，如交通事故等，为了便于双方履行合同、利用合同解决争议，采用完整的书面合同最为合适。

四、配送合同当事人的权利和义务

配送合同双方应按照合同约定严格履行合同，任意一方不得擅自改变合同的约定，是双方的基本合同义务。此外依据合同的目的可以推断出双方当事人还需要分别承担一些责任也应予以重视，尽管合同没有约定。

1.配送委托人保证配送物适宜配送

配送委托人需要保证由其本人或者其他人提交的配送物适宜于配送和配送作业。对配送物进行必要的包装或定型；标注明显的标识并保证能与其他商品相区别；保证配送物可按配送要求进行分拆、组合；配送物能用约定的或者常规的作业方法进行装卸、搬运等作业；配送物不是法规禁止运输和仓储的禁品；对于限制运输的物品，需提供准予运输的证明文件等。

2.配送经营人采取合适的方法履行配送的义务

配送经营人所使用的配送中心具有合适的库场，适宜于配送物的仓储、保管、分拣等作业；采用合适的运输工具、搬运工具、作业工具，如干杂货使用厢式车运输，使用避免损害货物的装卸方法，大件重货使用吊机、拖车作业；对运输工具进行妥善积载，使用必要的装载衬垫、捆扎、遮盖；采取合理的配送运输线路；使用公认的或者习惯的理货计量方法，保证理货计量准确。

3.配送人提供配送单证

配送经营人在送货时须向收货人提供配送单证、配送货物清单。配送清单为一式两联，详细列明配送物的品名、等级、数量等配送物信息，经收货人签署后收货人和配送人各持一联，以备核查和汇总。配送人需在一定期间间隔向收货人提供配送汇总表。

4.收货人收受货物

委托人保证所要求配送的收货人正常地接受货物，不会出现无故拒收；收货人提供合适的收货场所和作业条件。收货人对接受的配送物有义务进行理算查验，并签收配送单和注明收货时间。

5.配送人向委托人提供存货信息和配送报表

配送人需在约定的期间如每天、向委托人提供存货信息，并随时接受委托人的存货查询，定期向委托人提交配送报表、分收货人报表、残损报表等汇总材料。

6.配送人接受配送物并承担仓储和保管义务

配送经营人需按配送合同的约定接受委托人送达的配送物，承担查验、清点、交接、入库登记、编制报表的义务，安排合适的地点存放货物，妥善堆积或上架；对库存货物进行妥善的保管、照料，防止存货受损。

7.配送人返还配送剩余物，委托人处理残料

配送期满或者配送合同履行完毕，配送经营人需要将剩余的物品返还给委托人，或者按委托人的要求交付给其指定的其他人。配送人不得无偿占有配送剩余物，同样，委托人有义务处理配送残余物或残损废品、回收物品、加工废料等。

附：配送合同范本

附　家电产品配送合同书范本

甲方：______________________　地址：______________________

乙方：______________________　地址：______________________

根据《中华人民共和国合同法》，本着互利互惠的原则，就甲方委托乙方配送货物事宜，为了明确双方的责任，经双方协商，特签订本合同。

第一条　运输货物（名称、规格、数量）。严禁运输国家禁运易燃易爆物品。

编号	品名	规格	单位	单价	数量

第二条　包装要求。甲方必须按照国家主管机关规定的标准包装货物，没有统一规定包装标准的，应根据保证货物运输安全的原则进行包装，否则乙方有权拒绝承运。

第三条　配送区域。____________地区及省内各市县城。

第四条　合同期限。一年，从_____年_____月_____日至_____年_____月_________日，合同期满后，经双方就合同约定价格再行协商，在同等条件下优先续签。

第五条　运输质量及安全要求。乙方必须用符合甲方配送货的车辆，为甲方实行优质、快捷、安全的B2B配送货服务。保证甲方的货物按规定、要求、时间保质保量地配送至目的地。每天运输前双方议定运输重量，超重时价格另定。

第六条　货物装卸责任。货物的装车工作由乙方负责，卸车工作由收货人负责，在装卸过程中发生的一切责任由装、卸方承担。

第七条　收货人领取货物及验收办法。收货人凭有效证件、单据（或凭据）与乙方对证验收、领取货物。

第八条 收费标准与费用结算方式。

甲方收到乙方所提供的符合本合同约定的单据后，每二个月15日结算第一个月的费用。

第九条 双方的权利和义务。

（一）甲方的权利与义务

1.甲方的权利

（1）负责将货物配齐，要求乙方按照约定的时间、地点、收货人，把货物配送到目的地。配送通知发乙方后，甲方需变更到货地点或收货人，或者取消通知，有权向乙方提出，但必须在货物未运到目的地之前，并应按有关规定付给乙方费用。

（2）有权对乙方的配送货过程进行监督、指导。

（3）委托的货物应遵守国家有关法律规定，并符合包装标准。

2.甲方的义务

（1）按约定按时向乙方交付配送费用。

（2）应向乙方提供有关配送货业务的相应单据文件（产品、 型号、数量、客户准确地址及电话号码、联系人等）。

（3）指派专人负责与乙方联系并协调配送货过程中有关事宜。

（4）合同期内，乙方是甲方省内区域（包括市郊）的唯一配送商，未经乙方同意，甲方不得另寻配送商，否则，乙方可解除合同。

（二）乙方的权利和义务

1.乙方的权利。 向甲方收取配送费用。查不到收货人或收货人拒绝领取货物，乙方就及时与甲方联系，在规定期限内负责保管并有权向甲方收取保管费用。

2.乙方的义务。

（1）根据甲方的业务需要与发展，提供相应的运输能力，即提供不同的厢车。

（2）在约定的时限内（见下表），将货物运到指定的地点，按时向收货人发出货物到达的通知。对托运的货物要负责安全，保证货物无短缺、无损坏。在货物到达以后，按规定的期限，负责保管。 到达时间标准表（当天配送货物都按当天18：00开始计算）：

地 区	标准时间（小时）
地 区	6
省内各市县城	24

（3）乙方应在甲方指定的地点提取货物，在装货过程中，乙方的驾驶员应负责进行监装，对装货过程中的不当操作有责任指出并纠正，乙方将货物送往甲方指定的目的地和接收人，由收货人、乙方司机双方签字盖章确认。交货时如发现产品损坏或产品、数量、型号、规格不符等问题，乙方应要求接收人注明，接收人所盖印章应为商家签订的配送委托书规定的公章或收货专用章，乙方凭甲方认可的配送反馈单与甲方进行结算。

第十条 违约责任

（一）甲方责任

1.不按时与乙方结算配送费用，每超一天偿付给乙方当月结算费用1%的违约金，但由于乙方提供的结算单据不及时除外。

2.因甲方原因，造成乙方的承运车不能及时返回，甲方应根据当次加付运费10%作为补偿金。（规定卸货时间为2小时）

3.甲方有负责为乙方营造良好的服务环境，如甲方员工在货物配送过程中发生以下现象之一的，甲方应向乙方支付违约________元/次。

（1）不按预约时间装卸货物。

（2）装卸货物当中有野蛮装卸行为，乙方指出，甲方工作人员不及时更改。

（3）甲方协调不到位，造成乙方被投诉。

（4）甲方发错货，造成乙方承运货物到达商场后，商场拒收，返程运费由甲方支付。

4.由于在货物中夹带、匿报危险货物，而招致货物破损、爆炸，造成人身伤亡的，甲方应承担由此造成的一切责任。

（二）乙方责任

1.乙方如送货到达时间每晚于规定时间一天，应向甲方支付当次运输费10%的违约金（修路、交通管制除外），若乙方送达目的地错误，应自费将货物送达甲方要求的目的地，因此给甲方造成的损失由乙方负责赔偿。

2.经双方确认，货物在运输途中造成的破损、遗失、短缺等任何损失，由乙方负责赔偿，赔偿值按批发价计算，且乙方不得擅自拆除货物并重新包装，因以上原因造成甲方违约或其他损失后，由乙方负责赔偿。

3.乙方有责任为甲方提供优质服务，如乙方员工在货物配送过程中发生以下现象之一的（属于乙方责任造成的），乙方应向甲方支付违约金200元/次，同时乙方应按本合同继续履行合同。

（1）不按时运送货物，造成用户投诉。

（2）在运输过程中，损坏货物并强行留给用户，造成用户投诉。

（3）在装卸货物中，司机刁难用户，造成用户投诉。

4.在符合法律和合同规定条件下的运输，由于下列原因造成货物灭失、短少、损坏的，乙方不承担违约责任。

（1）不可抗力；

（2）货物本身的自然属性；

（3）甲方或收货人本身的过错；

（4）在运送过程中，送错货物，造成用户投诉。

（三）其他

1.甲方仅支付乙方运费。在运输途中发生的其他一切费用（如过路、过桥费等）全部由乙方负责，具体支付标准（详见合同附件《价格表》）。

2.双方不能以任何形式向公众透露对方的商业机密，否则，由此引起的任何损失（如名誉受损、经济受损等）均由泄密方负责赔偿。

3.不可抗力的原因，影响本合同不能履行或者部分不能履行或延期履行时，遇有不可抗力事故的一方，应立即将事故情况通知对方，并详细提供事故详情及造成合同不能履行，或者部分不能履行，或者延期履行的理由及所有的相关文件资料。

4.一方违约，另一方有权以书面形式通知对方解除本合同或双方签订的其他合同、协议，合同自发出通知之日起30天后解除，由违约方承担违约责任。

5.自本合同生效之日起，甲乙双方原先签订的产品配送合同自动作废。

6.本合同如有未尽事宜，应由双方协商解决；协商不成时，按下列第________种方式解决：

（1）向________仲裁委员会申请仲裁；

（2）向人民法院起诉。

7.本合同一式二份，合同双方各执一份。

甲方（盖章）：__________
签约代表：______________
开户行：________________
银行账号：______________
电话：__________________
________年___月___日
签订地点：________

乙方（盖章）：__________
签约代表：______________
开户行：________________
银行账号：________________
电话：__________________
________年___月___日
签订地点：________

蔬菜配送合同书范本

甲方：__________（以下简称甲方）

乙方：东莞市佳祥膳食管理公司（以下简称乙方）

根据《中华人民共和国合同法》及其他法律规定，为加强食堂材料采购的管理，提高伙食质量和后勤服务水平，减少公司运作中不必要的环节，提高工作效率。甲方根据实际情况，将饭堂材料采购承包给乙方。在平等互利的原则下，甲、乙双方友好协商签订本合同，达成以下协议。

1.合同期限

1–1　乙方承包甲方饭堂的材料采购从______年___月___日至___年___月___日止。

2.双方义务

2–1　乙方每______天向甲方上报一次市场价格，经双方协商确定最终定价，此价格为不含税价格（含税另加6%）。

2–2　乙方严格执行《食品卫生法》的要求采购，保证每天提供的蔬菜、鱼、鸡蛋等新鲜，不变质、无腐烂，肉类经过国家检疫部门检疫合格；如在甲方烹饪环节中出现的问题而造成事故则由甲方负全部责任。

2–3　材料采购的运输费由乙方负责；如是甲方有临时加菜的，运费由甲方全部承担，每次运输费用________元。

2–4　甲方每天下午______前提供次日需要配送的蔬菜名称，品种，数量，传真给乙方（传真：0769–85472979），乙方根据甲方的要求，必须在次日早上____至____时把菜送到给甲方。

2–5　甲方每天派指定人员验收材料质量、数量，对不合格的材料可要求退货，经验收后如出现数量，质量或其他问题由甲方自己负责。

2–6　每天的送货签收单作为验货及结算依据。

3.结算方式

3–1　材料采购款由乙方先垫付，每1个月双方结算一次，甲方在对账后两天内付款，并以现金或现金支票支付给乙方；若甲方须乙方提供发票，则加 6% 税点给乙方。

3–2　乙方提供收据作为结算依据，如甲方需要乙方提供发票，则甲方需要承担结算金额7.5%的税点。

4.违约责任

4–1　甲、乙双方均应遵守本合约之条款，如未履行合约致他方受损时，过错方应负赔偿责任；如双方发生争议时，可请政府仲裁机构裁决。

5.合约终止

5–1　本合约自甲乙双方签署完成后，以二者之最后的签署日为本合约生效日。

5–2　乙方逾期不能正常供应配送（含验收不合格）时，甲方有权终止本合约。如乙方知会甲方后，先经甲方同意都不在此限。

5–3　任一方违反本合约任一条款，经他方书面通知限期改善仍无效果时，他方有权终止本合约。

5–4　合约终止前，除加有协议，双方仍应依合约履行。

5–5　本合约有效期间甲乙双方因某种原因需解除合约，双方均要提前一个月通知对方，合约未解除前须继续履行合约之内容，否则所造成的损失与相对的法律责任均要过错方承担。

6.管辖法院

6–1　由于本合约所产生之诉讼及非诉讼，双方同意送请商务仲裁。

7.合约份数

7–1　本合同一式两份，甲乙双方各执一份。

7–2　协议未尽事宜，由双方再协商补充附本，具有同等效力，经双方签字并加盖公章后即日生效。

甲方订购人：______________	乙方配送联系人：________
联系电话：________________	联系电话：______________
甲方：____________________	乙方 ：东莞市佳祥膳食管理公司
代表人：__________________	代表人：________________

项目三 配送服务管理

导入案例

日本神户生协连锁超市鸣尾浜配送中心服务策略

神户生协是消费者合作社中规模最大的连锁商业企业。它拥有会员约123万户，年销售总额3840亿日元（折合人民币300亿元），销售商品以食品为主（占72%）。

神户生协拥有超市连锁门店171个，每天购货达35万人次；对于那些会员少、尚不具备开设门店的地区，则建立无店铺销售网，设送货地点22万多个、服务对象近33万户家庭。面对供应面广、品种多、数量大的供配货需求，神户生协建造了鸣尾浜配送中心，承担了全部销售商品的配送任务。

在规划这座配送中心时，他们认为，首先应有利于提高对客户（商场）的服务水平，根据商品多品种、小批量、多批次要货的特点，做到能在指定的时间里，将需要的商品、按所需的数量送到客户的手中，以促进提高销售额、消减商场库存、提高商店作业效率，减少流通过程的物流成本，增强企业的竞争能力。

【案例点评】神户生协在配送中心，规划了以客户为中心的配送服务战略，并以提高销售额、消减商场库存、提高商店作业效率，减少流通过程的物流成本，在服务与成本的关系上是用较低的成本来实现较高的配送服务水平。

学习指南

【学习目标】

知识目标

1.掌握配送服务的意义与内容

2.掌握配送服务与成本的关系

3.掌握服务质量管理的内容

能力目标

能够对配送服务作出正确决策并实施有效管理

【学习重点】

1.配送服务与成本

2.服务质量管理

【学习难点】

服务质量管理

工作任务

职场情境：举例：配送服务常见问题。

任务要求：配送服务常见问题的分析与对策。

知识导航

配送服务管理

一、服务管理的重要性

（一）配送服务的构成

配送服务就是对客户商品物流的保证，它包含三个要素：

（1）拥有客户所期望的商品（备货保证）。

（2）符合客户所希望的质量（品质保证）。

（3）在客户希望的时间内配送商品（输送保证）。

配送服务主要是围绕上述三要素展开的，如图4-3所示。

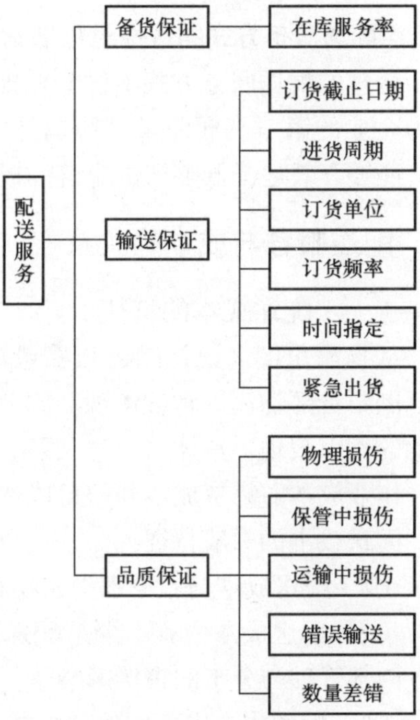

图4-3 配送服务

（二）配送服务的重要性

从理论上讲，配送服务之所以在企业经营中如此重要，主要有以下原因。

1.配送服务已成为企业差别化战略的重要内容

长期以来，物流并没有受到人们应有的重视。在大批量生产时期，消费呈现出单一、大众化的特征，经营是建立在规模经济基础之上的大量生产、大量销售，因而物流功能只停留在商品运输和保管等一般性业务活动上，物流从属于生产消费，从而成为企业经营中的附属职能。但是进入细化市场营销阶段后，市场需求呈现出多样化和分散化，而且发展变化十分迅速。这样，企业经营只有不断符合各种类型、不同层次的市场需求，并且迅速、有效地满足客户期望，才能使企业在激烈的市场中求得发展。差别化战略中的一个重要内容就是客户服务的差异，所以作为客户服务的重要组成部分的配送服务就成为企业实行差别化战略的重要方式和途径。

2.配送服务水平的确定对企业经营绩效有重大影响

配送服务水平是构筑配送系统的前提条件。在配送开始成为经营战略的重要一环的过程中，配送服务越来越具有经济性的特征。也就是说，对配送服务来说市场机制和价格机制也在发生作用，市场机制和价格机制通过供求关系确定了配送服务的价值，又决定了一定服务水平下的物流配送成本。所以，制定了合理的配送服务水平是企业战略活动的重要内容之一。对于一些特别的运输、紧急运输等物流配送服务，需要考虑合适的成本或者流通主体互相分担的问题。

3.配送服务是有效连接供应商、制造商、批发商和零售商的重要手段

随着经济全球化和网络的发展，现代企业的竞争已不是单个企业的竞争，而是供应链之间的竞争；企业竞争优势不是单一企业的优势，而是供应链整体的优势。配送服务一方面以物品的实体流动为传导，打破了供应商、制造商、批发商和零售商之间的间隔，有效地推动了商品从生产到消费全过程的顺利流动；另一方面，配送服务也通过自身特有的系统设施不断地将商品销售、在库信息等反馈给供应链中的所有企业，并通过知识、诀窍等经营能力的积累，使整个过程能不断协调，不断应对市场变化，创造超越企业的供应链价值。

4.配送服务方式的选择对降低常年成本也具有重要意义

合理的配送服务方式不仅能够提高商品的周转率，而且能够从利益上驱动企业发展，成为企业的第三利润源泉，特别是采用一些新的、先进的配送方式（如共同配送）的应用，能够有效地降低整个供应链的成本。

二、配送服务与成本的关系

（一）配送成本的特征

从物流角度来说，配送几乎包括了物流的所有功能要素，是物流的一个缩影或在较大范围中全部物流活动的体现。因此，配送成本就是指配送活动中所消耗的物化劳动和活劳动的货币表现。具体来说，又可分为六类成本：客户服务成本、库存管理成本、运输成本、作业成本、订货成本和信息成本。

配送成本的一般特征：

（1）配送成本与服务水平密切相关。提高配送服务水平会使配送成本大幅度增加。

（2）配送成本中有不少是配送部门不能控制的，受商品交易市场、交通运输条件、企业内部管理与分工的直接影响。

（3）配送成本中不同的功能成本之间存在二律背反现象，即一种功能成本的消减会使另一种功能成本增加，因此，配送管理的目标是追求总成本的最小化，而不是个别成本的降低。

（4）配送成本消减的乘法效应。如果配送成本占销售额的1%，那么当配送成本降低1元，相当于使销售额增加100元。可见，配送成本下降对配送企业经营影响巨大。

（5）一些专业的配送需要特殊的专业设备，投入巨大，且没有通用性。

（6）配送往往单项进行。

（二）配送服务与服务成本的关系

配送服务的目标是以尽可能低的配送成本来实现较高的配送服务。一般来说，配送服务与成本的关系有以下四种形式。

1.在配送服务不变的前提下，考虑降低成本

它是通过改变配送系统的方法，在保持既定的服务水平前提下，来寻求降低成本的途径，即追求效益的提高，如图4-4所示。

2.在成本不变的前提下，提高服务水平

这是在现有的成本水平下，通过有效地利用所投入的成本来改善配送诸功能，提高服务水平，体现的是一种追求成本绩效的做法，如图4-5所示。

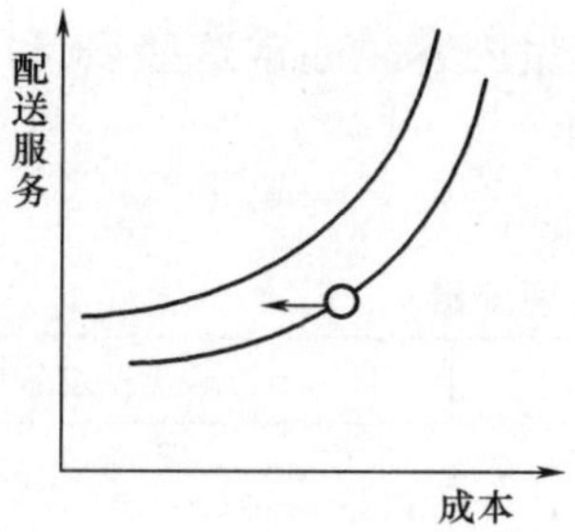

图4-4　服务水平一定，成本降低

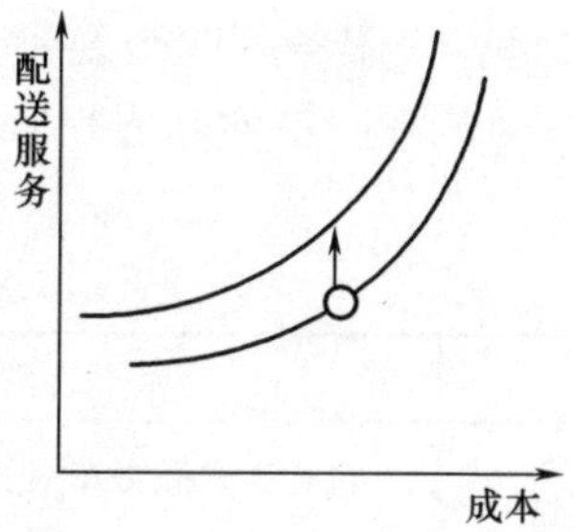

图4-5　成本一定，服务水平提高

3.为了提高服务水平，不惜增加成本

这是大多数企业在提高服务水平时的状态，也是企业在特定顾客或特定商品面临竞争时所采取的战略措施，它主要是通过增值物流服务来实现，如图4-6所示。

4.用较低的成本来实现较高的配送服务水平

这是一种双赢的措施。通过对企业物流系统的流程再造，实现一种新的企业物流模式，达到降低成本、提高服务水平的目的，如图4-7所示。

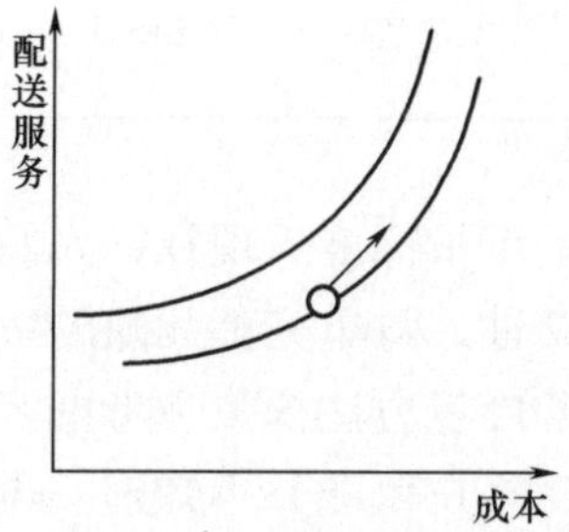

图4-6　成本增加，服务水平提高

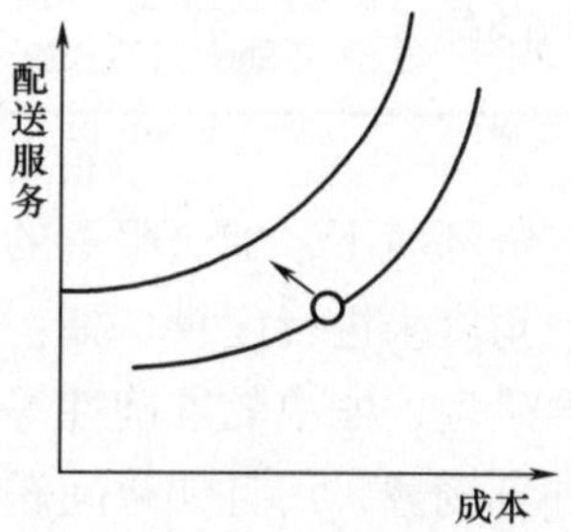

图4-7　成本降低，服务水平提高

（三）配送成本与服务水平的效益递减关系

一般来讲，配送成本与服务水平之间存在效益递减，如图4-8所示。在一个较低的服务水平下，如果增加x单位的配送成本，服务水平将提高y；而在一个较高服务水平下，同样增加x单位的配送成本，服务水平的提高只有y'，呈现$y'<y$，也就是说同样投入服务成本，但产生的服务水平的效益是不同的，在服务

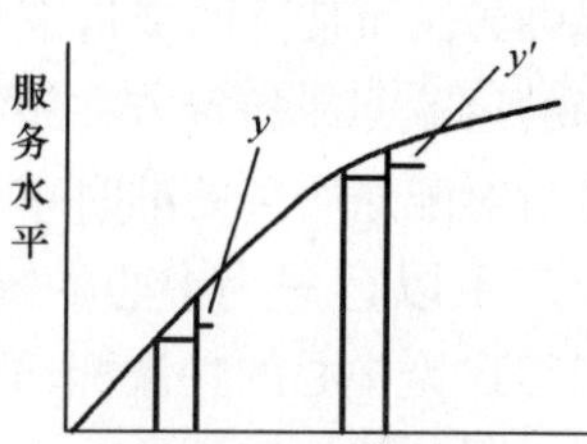

图4-8　配送成本与服务的效益递减

水平较低时，效益明显；当服务水平已较高时，服务水平的提高效果不高。因此，服务水平的提高不能无限度放大，否则，成本的加速上升会使整个系统的效率下降。

三、配送服务质量管理

（一）配送服务质量的要素与表现度量

在配送服务质量管理中，四个传统的客户服务因素：时间、可靠性、方便性和信息的沟通是配送服务质量管理中需要考虑的基本因素，这些因素也是制定配送服务质量标准的基础。表4-1是客户服务的四个要素及对应的表现衡量内容。通常这些度量以卖方角度表示，例如，订单的准时、完整发送和订单的准备时间等。

表4-1　　客户服务的要素与表现度量

因素	含　义	典型的度量单位
产品的可得性	它是客户服务最常用的度量，一般以百分比表示	百分比可得性
备货时间	从下达订单到收到货物的时间长度。一般可得性与备货时间常结合成一个标准，如95%的订单在10天达到	速度与一致性
配送系统的灵活性	系统对特殊及未预料的客户需求的反应能力，包括加速和替代的能力	对特殊要求的反应时间
配送信息系统	配送信息系统对客户的信息需求反应的及时性与准确性	对客户的反应速度、准确性和详细性
配送系统的纠错能力	配送系统出错恢复的程序以及效率与时间	应答与需要的恢复时间
配送服务后的支持	交货后对配送服务支持的效率，包括客户配送方案和服务信息的修订与改进	应答时间与应答质量

在供应链环境下，配送服务的质量需要更加严密的度量标准。现在，人们越来越认识到应从客户角度来进行度量。如：订单的及时性、完整性，订单完整无缺的货物比率，订单完成的准确性，账单的准确性等。如果卖方以传统的度量方法衡量和考虑客户服务，则客户可能并不满意，而且如果问题发生在交货过程中，客户可能并不知道。再者，客户以传统的方法也不能了解问题的范围和大小。目前较注重交货时间的度量，因为它不仅提供了评价的数据来源，更重要的是对将来发生的问题能提出早期的警告。比如标准的交货准时率是98%，而某月的交货准时率却下降到95%，调查表明，运送人可能并没有按指令办理货物的运输，或接货方在接货时未做好接获准备。随着企业零库存（准时化）采购的实施，今后对配送服务的准时率要求可能越来越高。

（二）以客户为中心的配送服务战略的开发

以客户为中心的物流配送服务是取得竞争性优势的源泉，一个有效的以客户为中心的物流配送服务的战略开发，需要经过以下几个阶段。

1.理解客户需求

当制定一项以客户为导向的物流配送战略时，配送业务人员必须了解客户对配送服务的需求和渴望。不同的客户有不同的需求和期望。例如，客户对配送的需求可能包括适时和可靠的送货、良好的沟通、送货的准时性和高频率、订单状态信息的可得性、高效的信息反馈过程、紧急情况的及时处理、货物的完好性、礼貌的索赔、精确和适时的结算以及对咨询的及时而准确的答复等。

确定客户需求的过程是一个较为复杂的事情，可以从以下几点来考虑：

（1）充分了解客户的业务及其供应链的下一结点或直接用户。

（2）鉴明客户的需求和期望，可以从供应商的角度，给客户列一张客户需求清单作为工作的开始，在充分倾听客户陈述和对同行业的对比之后再做出判断。

（3）与客户深入探讨需求和所期望的变更，测定客户对价格配送服务的愿望。

2.评价当前的服务和能力

一旦了解了客户的想法后，配送服务供应商就必须找出他们当前的服务能力与实际要求的差距，包括采取什么方法来满足专门的服务目标和鉴别当前由竞争对手提供的服务。

3.解释当前做法与客户要求的差距

一旦服务商清楚客户的需求正好与提供的服务相反，两者之间的差距便可以分析出来。在许多时候人们常常认为，客户的需求与他们提供的服务之间的差距很小，调查之后会发现，他们通常会曲解客户的需求，或者只是在想当然地认为可以满足客户要求。当被问及客户的需求和期望时，一家公司的客户表示，及时送货和无损送货是评价配送服务的两个最重要的标准。

当改善配送服务的选择确定后，配送服务供应商必须分析与消除差距有关的均衡点、利益、成本及风险，这些利益包括服务水平、收入的增加、顾客的忠诚、竞争的优势。另外，改善配送服务还可以避免因服务水平差而失去业务量。在此基础上，确定能够使利益超过成本的服务方式和措施。

4.满足客户特定需求的针对性服务

为尽可能让尽可能多的客户满意，应该按客户需求的相似性对客户进行细分，形成不同类别的客户群。比如，可根据客户对服务的时间要求进行分类，如两天一次送货客户群和一天一次送货客户群等。

5.在客户要求的基础上创造服务

为了满足客户的需求，并超出他们的期望值，配送服务不但要必须满足客户的需要，而且还要持久提供增值服务。当竞争对手开始把客户满意度作为竞争优势时，应着眼于客户对价值的认识，把满足客户的最低需求作为客户满意的开始，如果无法满足，则会得到客户的否定评价；如果满足了，也不会得到客户的称赞，因为这是客户所希望的。只有当供应商超出客户要求时才会让客户满足，达到增加价值的目的。这表明满足客户的最低要求只能保证企业处于竞争之中没有落后，但它无法帮助你成功。

6.评估并跟踪执行与改进的情况

客户满意指数及客户满意率是定量评估满意水平的一种方式。用它来评价配送服务供应商在有关方面的表现，也可以评估一段时间的执行和改进情况。

7.不断改进

客户满意是一个不断变化的动态的过程，因为客户的要求是随着服务的内容、水平和技术的变化而变化的。配送服务供应商必须跟上这些变化。因此，客户满意的标准和评价内容要不断地改进。

总之，配送服务企业要周而复始地“了解物流服务现状”，“对配送服务进行评估”，“拟定服务内容”，“重新构筑配送服务系统”，“定期征求客户意见”。

模块五 配送作业

导入案例

上海联华生鲜食品加工配送中心业务流程

1.进货入库

进货后，立即由WMS进行登记处理，生成入库指示单，同时发出是否能入库的指示。如果仓库容量已满，无法入库时，系统将发出向附近仓库入库的指示。接到系统发出的入库指示后，工作人员将货物堆放在空托盘上，并用手持终端对该托盘的号码及进货品种、数量、保质期等数据进行进货登记输入。

在入库登记处理后，工作人员用手动叉车将货物搬运至入库品运载装置处。按下入库开始按钮，入库运载装置开始上升，将货物送上入库输送带。在货物传输过程中系统将对货物进行称重和检测，如不符合要求（例如超重、超长、超宽等），系统将指示其退出；符合要求的货物，方可输送至运载升降机。

根据输送带侧面安装的条码阅读器，对托盘条码确认，计算机将对托盘货物的保管和输送目的地发出指示。当接到向第一层搬送指示的托盘在经过升降机平台时，不再需要上下搬运，将直接从当前位置经过一层的入库输送带自动分配到一层入库区等待入库。接到向二层至四层搬送指示的托盘，将由托盘升降机自动传输到所需楼层。当升降机到达指定楼层后，由各层的入库输送带自动搬运货物到入库区。

货物在下平台前，根据入库输送带侧面设置的条码阅读器，将托盘号码输入计算机，并根据该托盘情况，对照货位情况，发出入库指示，然后由叉车从输送带上取下托盘。叉车作业者根据手持终端指示的货位号将托盘入库，经确认后，在库货位数将进行更新。

2.商品拣选

当根据订单进行配货时，仓库管理系统（WMS）会发出出库指示，各层平台上设置的激光打印机根据指示打印出货单。在出库单上，货物根据拣选路径依次打印。这时，系统中的商店号码显示器显示出需要配送的商店号码，数据显示器显示出需要拣选的数量，同时工作人员在空笼车上的塑料袋里插好出库单，在黑板上写上楼层号和商店号，并将空笼车送到仓库。做好以上准备后，方可进行商品拣选工作。

工作人员在确认笼车在黑板上记载的商店号码与商店号码显示器显示的一致后，开始进行拣选工作。根据货位上数码显示器显示拣选的数量，依次进行拣选。数码显示器配备的指示灯可以显示三种不同颜色，分别对应箱、包、件三种不同的拣选单位，以满足各种拣选需求。当拣选作业结束后，按“完了”按钮。

各平台仓库分成17个拣选区域，区域内拣选结束后，区域拣选“完了”指示灯会自动闪亮，工作人员再按下区域拣选“完了”按钮，便可继续进行下一个区域的拣选工作。当各个区域内所有拣选处理结束后，系统将自动显示出下一个商店的拣选数据。

3.笼车出库

当全部区域拣选结束后，装有商品的笼车由笼车升降机送至一层。工作人员将不同商店分散在多台笼车上的商品归总分类，附上交货单，依照送货平台上显示器显示的商店号码将笼车送到等待中对应的运输车辆上。计算机配车系统将根据门店远近，合理安排配车路线。

4.托盘回收

出货完成后，工作人员将空托盘堆放在各层的空托盘平台返回输送带上，然后由垂直升降机将空托盘传送至第一层，并由第一层进货区域的空托盘自动收集机收集起来，随后送到进货区域的平台上堆放整齐。

【案例点评】在国内同类型企业的配送中心中，联华超市配送中心具有鲜明的特点。

（1）先进性。配送中心引进了国内外最先进的设备，自动升降系统、自动分拣系统无论在技术上还是在性能上，都是国内一流的。

（2）实用性。配送中心的设计以现代物流管理理论为基础，结合中国国情，在主要配送作业的过程中使用全自动化作业，在辅助作业采用人工操作，既降低了成本，又达到了高效率的运作。

（3）易用性。配送中心的全部设备都对应有简单的操作界面，操作人员只需按下按钮就可以对设备进行操作。

（4）灵活性。自动分拣系统16根滑道可随机对应16个品种，当一个品种分拣结束时，可随时切换成另一个品种，无需再另外进行设置。

（5）可维护性。整个系统有一个总的控制中心进行控制，并装有监控系统。配送中心无论何处出现故障，都能够及时有效地进行维护。

学习指南

【学习目标】

知识目标

1.掌握配送作业流程及操作

2.掌握配送运输组织管理

能力目标

1.能够合理完成配送作业

2.能够合理组织配送运输

【项目分解】

工作项目1 配送作业

工作项目2 配送运输

项目一 配送作业

导入案例

配送作业——配送分拣

在传统的货物分拣系统中，一般是使用纸制书面文件来记录货物数据，包括货物名称、批号、存储位置等信息，等到货物提取时再根据书面的提货通知单，查找记录的货物数据，人工搜索、搬运货物来完成货物的提取。在这样的货物分拣系统中，制作书面文件、查找书面文件、人工搬运等浪费了巨大的人力、物力，而且严重影响了物流的流动速度。随着竞争的加剧，人们对物流的流动速度要求越来越高，这样的货物分拣系统已经远远不能满足现代化物流管理的需要。

请思考：你认为现代化的分拣系统应该是什么样的?

【案例点评】一个先进的货物分拣系统，对于系统集成商、仓储业、运输业、后勤管理业等都是至关重要的，因为这意味着比竞争对手更快的物流速度，更快地满足顾客的需求，其潜在的回报是惊人的。建立一个先进的货物分拣系统，结合有效的吞吐量，不但可以节省数十、数百，甚至数千万元的成本，而且可以大大提高工作效率，显著降低工人的劳动强度。使用这样的货物分拣系统，完全屏弃了使用书面文件完成货物分拣的传统方法，采用高效、准确的电子数据的形式，提高效率，节省劳动力；使用这样的货物分拣系统，不但可以快速完成简单订货的存储提取，而且可以方便地根据货物的尺寸、提货的速度要求、装卸要求等实现复杂货物的存储与提取；使用这样的货物分拣系统，分拣工人只需简单的操作就可以实现货物的自动进库、出库、包装、装卸等作业，降低了工人的劳动强度，提高了效率；使用这样的货物分拣系统，结合必要的仓库管理软件，可以真正实现仓库的现代化管理，充分实现仓库空间的合理利用，显著提高企业的物流速度，为企业创造、保持市场竞争优势创造条件。

学习指南

【学习目标】

知识目标

1.掌握配送作业及业务流程

2.掌握配送的典型作业操作

能力目标

能够合理组织并完成配送作业

【学习重点】

1.配送作业及流程

2.配送典型作业

【学习难点】

配送典型作业

工作任务

职场情境：2013年11月3日苏宁公司收到客户（李峰）以电话的形式传来的配送通知如下表所示：

名称	配送订单信息
始发站/目的站	北京站/北京站
到货时间	2013-11-03
签单返回	运单、客户单据
托运人姓名	丛鹏飞
托运人电话	82576838
托运人单位	苏宁
托运人账号	SN0100387
收货人	李峰
收货人电话	136××××8768
收货人地址	北京市朝阳区南磨房路37号华腾北搪商务大厦
结算方式	托运人现结
货品名称	戴尔电脑
单位/数量	台/1

任务要求：根据配送的一般流程即配送订单的录入、配送调度、拣选配送、配送作业签收等步骤完成此次作业的整个流程的操作。

（注：本任务利用配送软件完成。）

知识导航

配送作业操作

一、配送的功能要素及一般流程

（一）配送的功能要素

1.备货

备货是配送的准备工作或基础工作，备货工作包括筹集货源、订货或购货、集货、进货及有关的质量检查、结算、交接等。配送的优势之一，就是可以集中用户的需求进行一定规模的备货。备货是决定配送成败的初期工作，如果备货成本太高，会大大降低配送的效益。

2.储存

配送中的储存有储备及暂存两种形态。配送储备是按一定时期的配送经营要求，形成的对配送的资源保证。这种类型的储备数量较大，储备结构也较完善，视货源及到货情况，可以有计划地确定周转储备及保险储备结构及数量。配送的储备保证有时在配送中心附近单独设库解决。另一种储存形态是暂存，是具体执行日配送时，按分拣配货要求，在理货场地所做的少量储存准备。由于总体储存效益取决于储存总量，所以，这部分暂存数量只会对工作方便与否造成影响，而不会影响储存的总效益，因而在数量上控制并不严格。还有另一种形式的暂存，即是分拣、配货之后，形成的发送货载的暂存，这个暂存主要是调节配货与送货的节奏，暂存时间不长。

3.分拣及配货

分拣及配货是配送不同于其他物流形式的有特点的功能要素，也是配送成败的一项重要支持性工作。分拣及配货是完善送货、支持送货准备性工作，是不同配送企业在送货时进行竞争和提高自身经济效益的必然延伸，所以，也可以说是送货向高级形式发展的必然要求。有了分拣及配货就会大大提高送货服务水平，所以，分拣及配货是决定整个配送系统水平的关键要素。

4.配装

在单个用户配送数量不能达到车辆的有效载运负荷时，就存在如何集中不同用户的配送货物，进行搭配装载以充分利用运能、运力的问题，这就需要配装；和一般送货不同之处在于，通过配装送货可以大大提高送货水平及降低送货成本，所以，配装也是配送系统中有现代特点的功能要素，也是现代配送不同于已往送货的重要区别之处。

5.配送运输

配送运输属于运输中的末端运输、支线运输，和一般运输形态主要区别在于：配送运输是较短距离、较小规模、额度较高的运输形式，一般使用汽车做运输工具。与干线运输的另一个区别是，配送运输的路线选择问题是一般干线运输所没有的，干线运输的干线是唯一的运输线，而配送运输由于配送用户多，一般城市交通路线又较复杂，如何组合成最佳路线，如何使配装和路线有效搭配等，是配送运输的特点，也是难度较大的工作。

6.送达服务

配好的货运输到用户还不算配送工作的完结，这是因为送达货和用户接货往往还会出现不协调，使配送前功尽弃。因此，要圆满地实现运到之货的移交，并有效地、方便地处理相关手续并完成结算，还应讲究卸货地点、卸货方式等。送达服务也是配送独具的特殊性。

7.配送加工

在配送中，配送加工这一功能要素不具有普遍性，但是往往是有重要作用的功能要素。主要原因是通过配送加工，可以大大提高用户的满意程度。配送加工是流通加工的一种，但配送加工有它不同于一般流通加工的特点，即配送加工一般只取决于用户要求，其加工的目的较为单一。

（二）配送作业的一般流程

配送作业是配送企业或部门运作的核心内容，因而配送作业流程的合理性以及配送作业效率的高低都会直接影响整个物流系统的正常运行。配送作业的一般流程如图5-1所示。

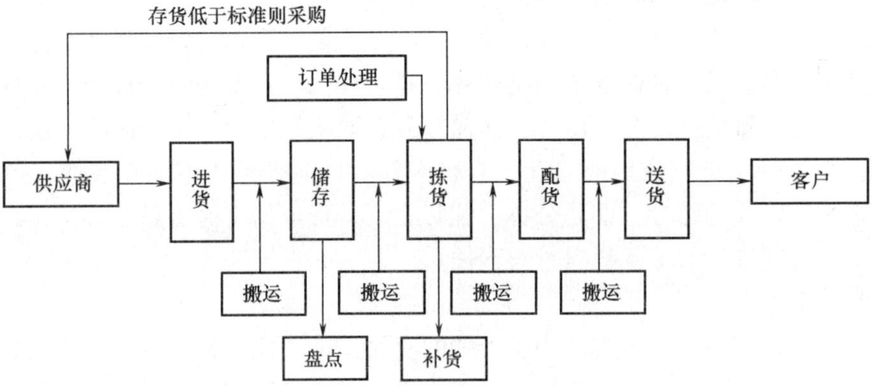

图5-1　配送作业的一般流程

当收到用户订单后，首先将订单按其性质进行“订单处理”，之后根据处理后的订单信息，进行从仓库中取出用户所需货品的“拣货”作业。拣货完成，一旦发现拣货区所剩余的存货量过低时，则必须由储存区进行“补货”作业。如果储存区的存货量低于规定标准时，便向供应商采购订货。从仓库拣选出的货品经过整理之后即可准备“发货”，等到一切发货准备就绪，司机便可将货品装在配送车上，向用户进行“送货”作业。另外，在所有作业进行中，可发现只要涉及物的流动作业，其间的过程就一定有“搬运”作业。

二、配送的典型作业

配送作业的流程涉及很多作业环节，这里选择进货作业、订单处理、拣货作业、补货作业、配货作业、送货作业、退调作业以及信息处理进行重点介绍。

（一）进货作业和订单处理

1.进货作业

进货作业包括接货、卸货、验收入库，然后将有关信息书面化等一系列工作。进货作业的基本流程如图5-2所示。在其流程安排中，应注意以下事项：

（1）应多利用配送车司机卸货，以减少公司作业人员和避免卸货作业的拖延。

（2）尽可能将多样活动集中在同一工作站，以节省必要的空间。

（3）尽量避开进货高峰期，并依据相关性安排活动，以达到距离最小化。

（4）详细记录进货资料，以备后续存取核查。

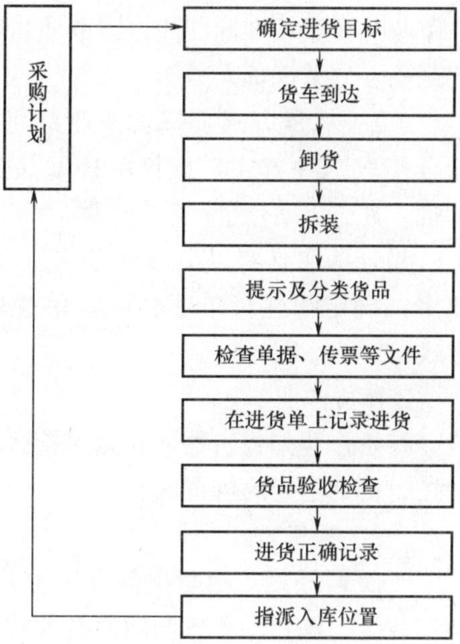

图5-2　进货作业流程

2.订单处理

从接到客户订单开始到着手准备拣货之间的作业阶段，称为订单处理。通常包括订单资料确认、存货查询、单据处理等内容。

订单处理分人工和计算机两种形式。人工处理具有较大弹性，但只适合少量的订单处理。计算机处理则速度快、效率高、成本低，适合大量的订单处理，因此目前主要采取后一种形式。订单处理的基本内容及步骤如图5-3所示。

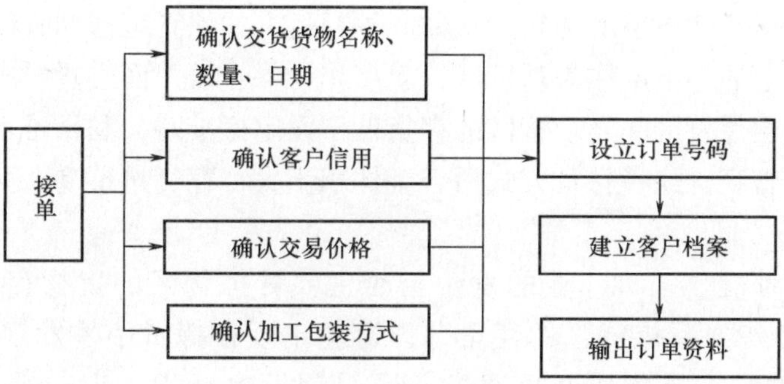

图5-3　订单处理的基本内容及步骤

（二）拣货作业和补货作业

1.拣货作业

拣货作业是配送作业的中心环节。所谓拣货，是依据顾客的订货要求或配送中心的作业计划，尽可能迅速、准确地将商品从其储位或其他区域拣取出来的作业过程。拣货作业系统的重要组成元素包括拣货单位、拣货方式、拣货策略、拣货信息、拣货设备等。

（1）拣货作业流程。拣货作业在配送作业环节中不仅工作量大，工艺复杂，而且要求作业时间短，准确度高，服务质量好。拣货作业流程如下：制作拣货作业单据、安排拣货路径、分派拣货人员。

（2）拣货方式。拣货作业最简单的划分方式是将其分为按订单拣取、批量拣取与复合拣取三种方式。按订单拣取是分别按每份订单拣货；批量拣取是多张订单累积成一批，汇总后形成拣货单，然后根据拣货单的指示一次拣取商品，再根据订单进行分类；复合拣取是将以上两种方式组合起来的拣货方式，即根据订单的品种、数量及出库频率，确定哪些订单适合按订单拣取，哪些适合批量拣取，然后分别采取不同的拣货方式。

2.补货作业

补货作业是将货物从仓库保管区域搬运到拣货区的工作，其目的是确保商品能保质保量按时送到指定的拣货区。

（1）补货方式。

①整箱补货。由货架保管区补货到流动货架的拣货区。这种补货方式的保管区为料架储放区，拣货动管区为两面开放式的流动棚拣货区。拣货员拣货之后把货物放入输送机并运到发货区，当动管区的存货低于设定标准时，则进行补货作业。这种补货方式由作业员到货架保管区取货箱，用手推车载箱至拣货区。较适合于体积小且少量多样出货的货品。

②托盘补货。这种补货方式是以托盘为单位进行补货。托盘由地板堆放保管区运到地板堆放动管区，拣货时把托盘上的货箱置于中央输送机送到发货区。当存货量低于设定标准时，立即补货，使用堆垛机把托盘由保管区运到拣货动管区，也可把托盘运到货架动管区进行补货。这种补货方式适合于体积大或出货量多的货品。

③货架上层—货架下层的补货方式。此种补货方式保管区与动管区属于同一货架，也就是将同一货架上的中下层作为动管区，上层作为保管区，而进货时则将动管区放不下的多余货箱放到上层保管区。当动管区的存货低于设定标准时，利用堆垛机将上层保管区的货物搬至下层动管区。这种补货方式适合于体积不大、存货量不高，且多为中小量出货的货物。

（2）补货时机。补货作业的发生与否主要看拣货区的货物存量是否符合需求，因此究竟何时补货要看拣货区的存量，以避免出现在拣货中才发现拣货区货量不足需要补货，而影响整个拣货作业。通常，可采用批次补货、定时补货或随机补货三种方式。

①批次补货。在每天或每一批次拣取之前，经电脑计算所需货品的总拣取量和拣货区的货品量，计算出差额并在拣货作业开始前补足货品。这种补货原则比较适合于一天内作业量变化不大、紧急追加订货不多，或是每一批次拣取量需事先掌握的情况。

②定时补货。把每天划分为几个时点，补货人员在时段内检查动管拣货区货架上的货品存量，如果发现不足则马上予以补足。这种“定时补足”的补货原则，较适合分批拣货时间固定，且处理紧急追加订货的时间也固定的情况。

③随机补货。随机补货是一种指定专人从事补货的作业方式，这些人员随时巡视拣货

区的分批存量，发现不足随时补货。此种“不定时补足”的补货原则，较适合于每批次拣取量不大、紧急追加订货较多，以至于一天内作业量不易事前掌握的场合。

（三）配货作业和送货作业

1.配货作业

配货作业是指把拣取分类完成的货品经过配货检查过程后，装入容器和做好标示，再运到配货准备区，待装车后发送。配货作业既可采用人工作业方式，也可采用人机作业方式，还可采用自动化作业方式，但组织方式有一定区别，其作业流程如图5-4所示。

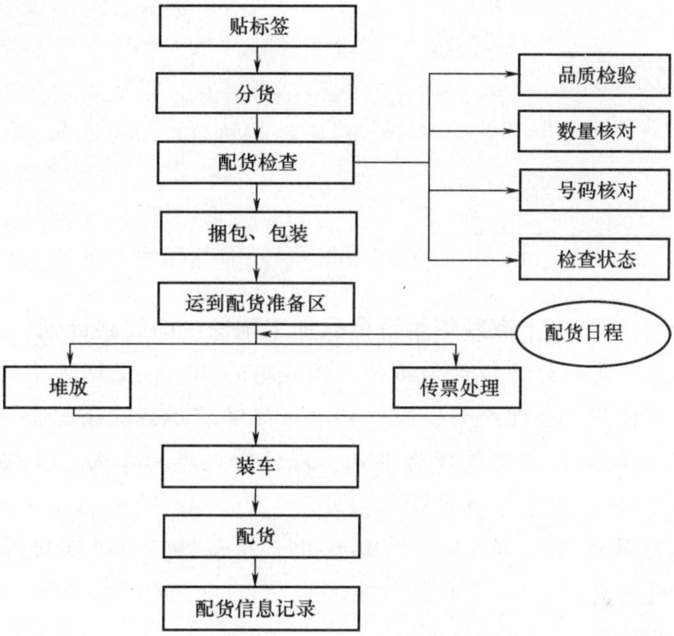

图5-4　配货作业流程

2.送货作业

送货作业是利用配送车辆把用户订购的物品从制造厂、生产基地、批发商、经销商或配送中心，送到用户手中的过程。送货通常是一种短距离、小批量、高频率的运输形式，它以服务为目标，以尽可能满足客户需求为宗旨。

送货作业的一般业务流程如图5-5所示。在各阶段的操作过程中,需要注意的要点有：明确订单内容、掌握货物的性质、明确具体配送地点、适当选择配送车辆、选择最优的配送线路及充分考虑各作业点装卸货时间。

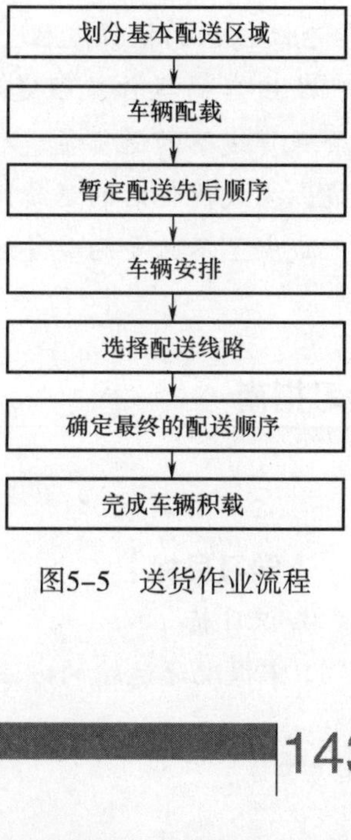

图5-5　送货作业流程

（四）退调作业和信息处理

1.退调作业

退调作业涉及退货商品的接收和退货商品的处理。而退货商品的处理，还包含着退货商品的分类、整理（部分商品可重新入库）、退供货商或报废销毁以及账务处理。

2.信息处理

在配送中心的运营中，信息系统起着中枢神经的作用，其对外与生产商、批发商、连锁商场及其他客户等联网，对内向各子系统传递信息，把收货、储存、拣选、流通加工、分拣、配送等物流活动整合起来，协调一致，指挥、控制各种物流设备和设施高效率运。

项目二 配送运输

导入案例

上海联华生鲜食品加工配送中心线路计划

根据各线路上门店的订货数量和品种，做线路的调整，保证运输效率。

上海联华公司按照“合理规划、统一标准、经济实用、综合配套”和“优质、高效、低成本”的要求,以物流标准化管理为重点，以注重效率为导向，优化送货线路，提升物流配送水平。

线路优化调度最终实现的目标：线路优化调度最终目标是实现物流中心操作流程改造，真正实现访送分离。

线路优化前后比较：

1.以前的操作流程

车辆的送货清单生成完全是按照访销线路来确定的，很难从整体上优化，提高送货效率。

2.改造后的操作流程

改造后的操作流程通过在公司的数据处理中心进行处理，充分掌握了每辆送货车、每条送货线路的送货量、往返时间、送货户数、送货里程、油耗等信息。并根据电子排单系统，生成优化后的送货清单，改变了原有按访销线路定送货线路的缺陷，加快了运输效率，减少了不必要的重复运输，而减少运输费用。

学习指南

【学习目标】

知识目标

1.掌握配送运输的方法

2.掌握配送线路的优化方法

3.掌握车辆积载原则与方法

4.掌握车辆调度原则与方法

能力目标

1.能够对配送线路合理设计

2.能够对车辆进行合理积载

3.能够对车辆进行合理调度

【学习重点】

1.配送线路设计

2.配送车辆调度

【学习难点】

1.配送线路设计

2.配送车辆调度

工作任务

职场情境：下图所示为某配送中心的配送网络，图中P点为配送中心，A~J为配送客户共10位客户，括号内为配送货物吨数，线路上的数字为道路距离，单位为千米。

任务要求：假定本配送企业有额定载重量分别为2吨和4吨的货车，每车每次运行距离不超过30千米。试用节约法设计最佳送货线路。

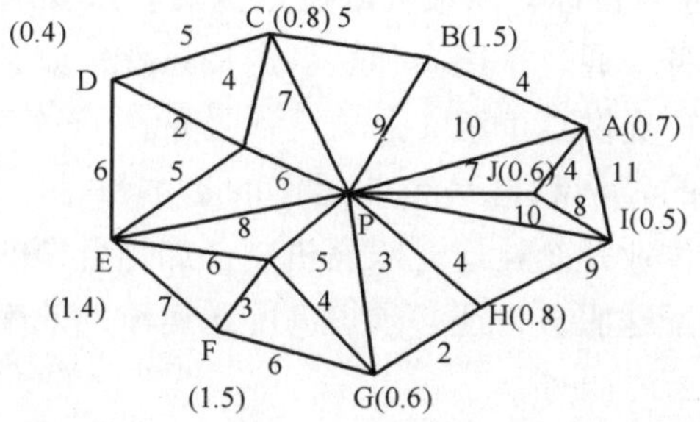

知识导航

配送运输设计

一、配送运输

（一）配送运输的概念、特点及影响因素

1.配送运输的概念

配送运输是指将被订购的货物使用汽车或其他运输工具从供应点送至顾客手中的活动。

配送运输通常是一种短距离、小批量、高频率的运输形式，它以服务为目标,以尽可能满足客户要求为优先。如果单从运输的角度看,它是对干线运输的一种补充和完善,属于末端运输、支线运输，主要由汽车运输进行，具有城市轨道货运条件的可以采用轨道运输，对于跨城市的地区配送可以采用铁路运输进行，或者在河道水域通过船舶进行。配送运输过程中，货物可能是从工厂等生产地仓库直接送至客户,也可能通过批发商、经销商或由配送中心、物流中心转送至客户手中。

2.配送运输的特点

（1）时效性。快速及时，即确保在客户指定的时间内交货是客户最重视的因素，也是配送运输服务性的充分体现。配送运输是从客户到交货的最后环节，也是最容易引起时间延误的环节。影响时效性的因素有很多，除配送车辆故障外，所选的配送线路不当、中途客户卸货不及时等均会造成时间上的延误，因此，必须在认真分析各种因素的前提下，用系统化的思想和原则，有效协调，综合管理，合理地选择配送线路、配送车辆、送货人员，使每位客户在其所期望的时间能收到所期望的货物。

（2）安全性。配送运输的宗旨是将货物完好无损地送到目的地。影响安全性的因素有货物的装卸作业、运送过程中的机械振动和冲击及其他意外事故、客户地点及作业环境、配送人员的素质等，这些都会影响配送运输的安全性，因此，在配送运输管理中必须坚持安全性的原则。

（3）沟通性。配送运输是配送的末端服务，它通过送货上门服务直接与客户接触，是与客户沟通最直接的桥梁，代表着公司形象和信誉，在沟通中起着非常重要的作用，所以，必须充分利用配送运输活动中与客户沟通的机会，巩固和发展公司的信誉，为客户提供更优质的服务。

（4）方便性。配送以服务为目标，以最大限度地满足客户要求为优先，因此，应尽可能地让顾客享受到便捷的服务。通过采用高弹性的送货系统，如紧急送货、顺道送货与退货、辅助资源回收等，为客户提供真正意义上的便利服务。

（5）经济性。实现一定的经济利益是企业运作的基本目标，因此，对合作双方来说，以较低的费用，完成配送作业是企业建立双赢机制、加强合作的基础，所以客户的要求不仅是高质量、及时方便的配送服务，还必须提高配送运输的效率，加强成本控制与管理，为客户提供优质、经济的配送服务。

3.配送运输的影响因素

影响配送运输效果的因素有很多：动态因素,如车流量变化、道路施工、配送客户的变动、可供调动的车辆变动等；静态因素,如配送客户的分布区域、道路交通网络、车辆运行限制等。各种因素互相影响,很容易造成送货不及时、配送路径选择不当、贻误交货时间等问题。因此,对配送运输的有效管理极为重要,否则不仅影响配送效率和信誉,而且将直接导致配送成本的上升。

（二）配送运输方法

影响配送运输的因素较多,为了在运输方法的选择上既有利于客户的便捷性、经济性,又有利于货物的安全性,应尽量避免不合理运输。配送运输方法主要有：汽车整车运输、多点分运及快运。

1.汽车整车运输

汽车整车运输是指同一收货人、一次性需要到达同一站点,且适合配送装运3吨以上的货物运输,或者货物重量在3吨以下,但其性质、体积、形状需要一辆3吨以上车辆一次或一批运输到目的地的运输。

（1）特点。整车货物运输一般中间环节较少,送达速度快,运输成本较低。通常以整车为基本单位订立运输合同,以便充分体现整车配送运输的可靠、快速、方便、经济等特性。

（2）基本程序。按客户需求订单备货→验货→配车→配装→装车→发车→运送→卸车交付→运杂费结算→货运事故处理。

（3）作业过程。整车货物运输作业过程是一个多工种的联合作业系统,是社会物流中必不可少的重要过程。这一过程是货物运输的劳动者借助于运输线路、运输车辆、装卸设备、站场等设施,通过各个作业环节,将货物从配送地点运送到客户地点的全过程。它由四个相互关联又相互区别的过程构成,即运输准备过程、基本运输过程、辅助运输过程和运输服务过程。

2.多点分运

多点分运是在保证满足客户要求的前提下，集多个客户的配送货物进行搭配装载，以充分利用运能、运力，降低配送成本，提高配送效率。

（1）往复式行驶线路。一般是指由一个供应点对一个客户的专门送货。从物流优化的角度看,其基本条件是客户的需求量接近或大于可用车辆的核定载重量,需专门派一辆或多辆车一次或多次送货。可以说往复式行驶线路是指配送车辆在两个物流结点间往复行驶的路线类型。根据运载情况，具体可分为三种形式:

①单程有载往复式线路；②回程部分有载往复式线路；③双程有载往复式线路。

（2）环形行驶线路。环行行驶线路是指配送车辆在由若干物流结点组成的封闭回路上,所作的连续单向运行的行驶路线。车辆在环形行驶路线上行驶一周时,至少应完成两个运次的货物运送任务。由于不同运送任务其装卸作业点的位置分布不同,环形行驶线路可分为四种形式,即简单环形式、交叉环形式、三角环形式、复合环形式。

（3）汇集式行驶线路。汇集式行驶线路是指配送车辆沿分布于运行线路上各物流结点,依次完成相应的装卸任务,而且每一运次的货物装卸量均小于该车核定载重量,沿路装或卸,直到整辆车装满或卸空,然后再返回出发点的行驶线路。汇集式行驶线路可分为直线形和环形两类,其中汇集式直线形线路实质是往复式行驶线路的变形。这两种类型的线路各自都可分为分送式、聚集式、分送—聚集式。

（4）星形行驶线路。星形行驶线路是指车辆以一个物流结点为中心,向其周围多个方向上的一个或多个结点行驶而形成的辐射状行驶线路。

3.快运

根据《道路货物运输管理办法》的有关规定，快件货运是指接受委托的当天15时起算，300千米运距内，24小时内送达；1000千米运距内，48小时内送达；2000千米运距内，72小时送达。

（1）快运的特点。

①送达速度快

②配装手续简捷

③实行承诺制服务

④可随时进行信息查询

（2）快运业务操作流程。

通过电话、传真、电子邮件接受客户的委托→快速通道备货→分拣→包装→发货→装车→快速运送→货到分发→送货上门→信息查询→费用结算。

（3）快运的基本形式。

①定点运输。定点运输是指按发货点固定车队、专门完成固定货运任务的运输组织形式。在组织定点运输时，除了根据任务固定车队外，还实行装卸工人、设备固定和调度员固定在该点进行调度等工作。

实行定点运输，可以加速车辆周转、提高运输和装卸工作效率、提高服务质量，并有利于行车安全和节能。

定点运输组织形式，既适用于装卸地点比较固定集中的货运任务，也适用于装货地点集中而卸货地点分散的固定性货运任务。

②定时运输。定时运输是指车辆按运行计划所拟定的行车时刻表进行运行，行车时刻表一般规定，汽车从车场开出的时间、每个班次到达和开出货运站的时间以及装卸工作时间等内容。

要组织定时运输，必须做到各项定额的制定和查定工作，包括：车辆出车前的准备工作时间定额，车辆在不同运输路线上重、空载行驶时间定额以及不同货种的装、卸工作时间定额等。同时还应合理确定驾驶员的休息和用餐等生活时间，加强货源调查和组织工作，加强车辆调度和日常工作管理以及装卸工作组织等。

③特快运输。根据客户的临时需求，快速反应，进行快速备货，调用待发车辆，将货物快速送达到客户手中。

④联合快运。充分利用几种运输方式的网络优势进行优化配送运输，实现快捷性、经济性。

二、配送线路的优化方法

为将货物送到客户手中，需要从一个或多个配送中心组织配送运输。一般地，由于连接一个或多个配送中心和一个或多个配送目的地存在一个道路交通网，如何在这张道路交通网上综合考虑各线路车流量、道路状况、客户的分布状况、配送中心的选址、车辆额定载重量以及其他车辆运行限制等的因素，找出一条最佳的运输线路解决方案，达到节省运行距离、运输时间和运行费用的目的就是配送线路优化的意义。

（一）一对一配送的最短路线法

一对一配送的最短路线指的是在由一个供应点到一个客户的配送运输模式中，要求选择最短的配送路线，实现高效率的配送，达到快速、经济配送的经营目的。

Dijkstra在1959年提出了按路径长度的递增次序，逐步产生最短路径的Dijkstra算法。该算法可以用于求解任意指定两点之间的最短路径，也可用于求解指定点到其余所有节点之间的最短路径。

该算法的基本思路是：一个连通网络$G=(V, E)$中，$V=(v_1, v_2, \cdots, v_n)$，$E=(e_1, e_2, \cdots, e_n)$，求解从节点$v_0$到$v_n$的最短路径时，首先求出从$v_0$出发的一条最短路径，再参照它求出一条次短的路径，依次类推，直到从顶点v_0到顶点v_n的最短路径求出为止，即定点v_n被加入到路径中。而求解从v_n到其他所有节点的最短路径，则同样先求得从v_0出发的一条最短路径，再参照它求出一条次短的路径，依次类推，直到从顶点v_0出发的所有最短路径求出为止。

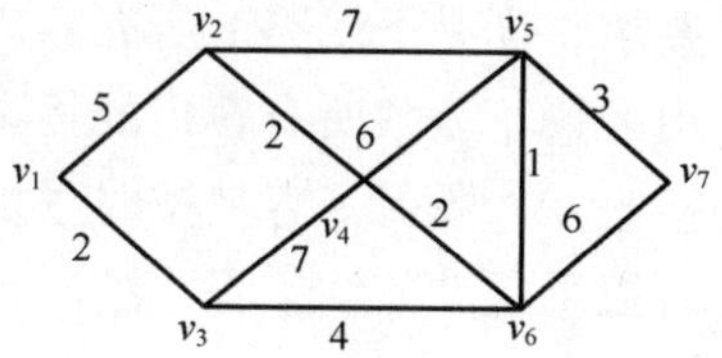

图5-6

例：用Dijkstra法求图5-6 中从v_1到v_7的最短路线和里程

1.设v_1点为$L_1=0$

2.求与v_1相邻未标号点最小距离值并标号

v_2：0+5=5

v_3：0+2=2

则标号$L_3=2$，并描黑v_1——v_3

3.求与v_1、v_3相邻未标号点最小距离值并标号

v_4：2+7=9

v_2：0+5=5

v_6：2+4=6

则标号$L_2=5$，并描黑v_1——v_2

4.求与v_1、v_2、v_3相邻未标号点最小距离值并标号

v_5：5+7=12

v_4：v_2—v_4　5+2=7;

　　v_3—v_4　2+7=9

v_6：2+4=6

则标号$L_6=6$，并描黑v_3——v_6

5.求与v_1、v_2、v_3、v_6相邻未标号点最小距离值并标号

v_4：v_6—v_4　2+6=8

　　v_3—v_4　2+7=9

　　v_2—v_4　5+2=7

v_5：v_6—v_5　6+1=7

　　v_2—v_5　5+7=12

则标号$L_5=7$，$L_4=7$，并描黑v_6——v_5，v_2——v_4

6.求与v_1、v_2、v_3、v_4、v_5、v_6相邻未标号点最小值

v_7：v_5——v_7　7+3=10

　　v_6——v_7　6+6=12

则标号$L_7=10$，并描黑v_5——v_7

最短路线为v_1——v_3——v_6——v_5——v_7，为10千米

（二）一对多配送的路线优化法

一对多配送是指由一个供应配送点往多个客户货物接收点的配送。这种配送运输模式要求，同一条线路上所有客户的需求量总和不大于一辆车的额定载重量。其基本思路是：由一辆车装载所有客户的货物，沿一条优选的线路，依次逐一将货物送到各个客户的货物接收点，既保证客户按时送货又节约里程，节省运输费用。解决这种模式的优化设计问题可以采用“节约里程”法。

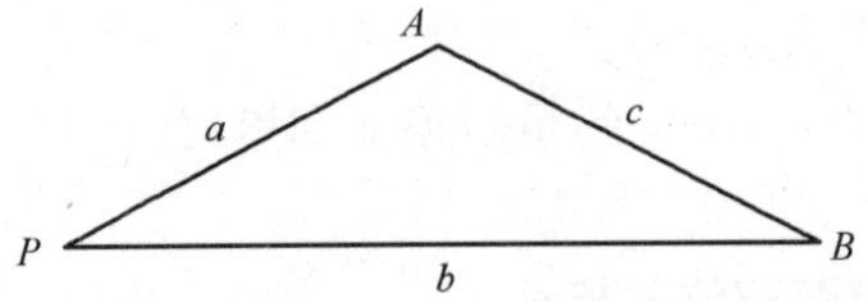

图5-7　节约里程法的基本思想示意图

1.节约里程法的基本思想

如图5-7所示，假设P为配送中心，A和B为客户接货点，各点相互的道路距离分别用a，b，c表示。比较两种运输路线方案：一是派两辆车分别为客户往A、B点送货，总的运输里程为$2(a+b)$；一是将A、B两地的货物装在同一辆车上，采用巡回配送方式，总的运输里程为：$a+b+c$，若不考虑道路特殊情况等因素的影响，第二种方式与第一种方式之差为$2(a+b)-(a+b+c)$，按照三角原理，可以看出，第二种方式比第一种要节约$a+b-c$的里程数，节约法就是按照以上原理对配送网络的运输路线优化计算的。

例：现有一配送中心如图5-8所示，图中P为配送中心，A~I为客户的接货点，各边上的数字为千米数，括号里的数字为需输送到各接货点的货物数量，单位为吨。假设配送中心有最大载重量为2吨和5吨的两种货车，并限制车辆一次运行线路距离不超过35千米。

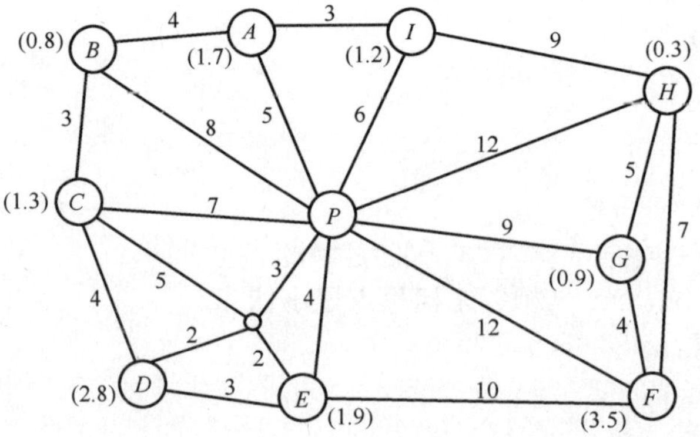

图5-8　配送中心配货点示意图

解：

第一步：利用前面所述的最短路径，求出网路各节点的最短距离，计算结果用表5-1表示。

表5-1　　网路节点的最短路径

	P								
A	5	*A*							
B	8	4	*B*						
C	7	7	3	*C*					
D	5	10	7	4	*D*				
E	4	9	10	7	3	*E*			
F	12	17	20	17	13	10	*F*		
G	9	14	17	16	14	13	4	*G*	
H	12	12	16	19	17	16	7	5	*H*
I	6	3	7	10	11	10	16	14	9

第二步：根据上表，计算各用户之间的节约里程，如表5-2所示。

表5-2　　用户之间的节约里程

	A							
B	9	*B*						
C	5	12	*C*					
D	0	6	8	*D*				
E	0	2	4	6	*E*			
F	0	0	2	4	6	*F*		
G	0	0	0	0	0	17	*G*	
H	5	4	0	0	0	17	16	*H*
I	8	7	3	0	0	2	1	9

第三步：对节约行程按大小顺序进行排列，结果如表5-3所示。

表5-3　　节约行程排序结果

序号	连接点	节约里程	序号	连接点	节约里程
1	*F–G*	17	12	*E–F*	6
2	*F–H*	17	13	*A–C*	5
3	*G–H*	16	14	*A–H*	5
4	*B–C*	12	15	*B–H*	4
5	*A–B*	9	16	*C–E*	4
6	*H–I*	9	17	*D–F*	4
7	*A–I*	8	18	*C–I*	3
8	*C–D*	8	19	*B–E*	2
9	*B–I*	7	20	*C–F*	2
10	*B–D*	6	21	*F–I*	2
11	*D–E*	6	22	*G–I*	1

初始解：从P向各个接货点配送，共有9条，总的运行距离为136千米，需要2吨汽车7辆，5吨汽车2辆，如图5-9所示。

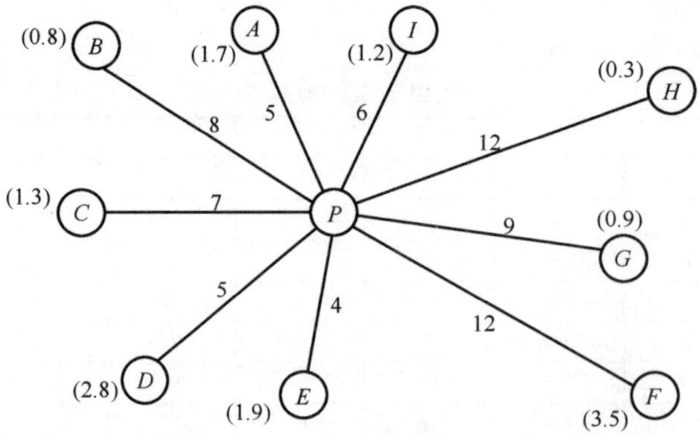

图5-9　初始解结果

二次解，按照节约里程的大小顺序连接F-G,F-H,如图5-10所示，总运行距离为2×（6+5+8+7+5+4）+9+4+7+12=102（千米），配送线路7条， 2吨车5辆， 5吨车2辆。配送线路Ⅰ的运行距离为32千米，载重量为4.7吨。

三次解：连接B-C-A-B,H-I,但因H-I加入配送线路Ⅰ后，超过车辆最短载重量5吨，所以不予连接，如图5-11所示。此时，总的配送线路为5条，需要2吨配送车辆2辆，5吨配

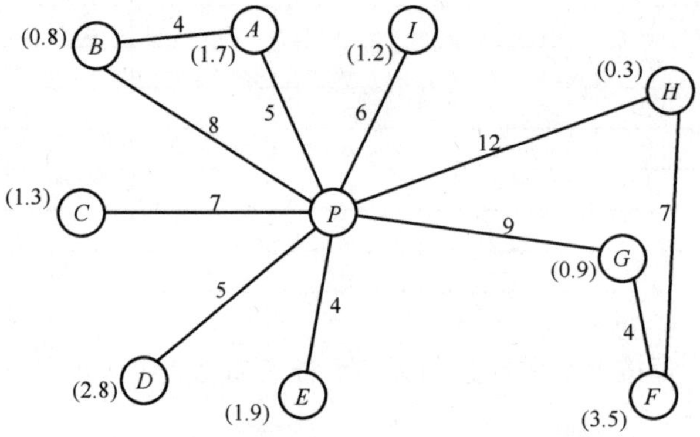

图5-10　二次解结果

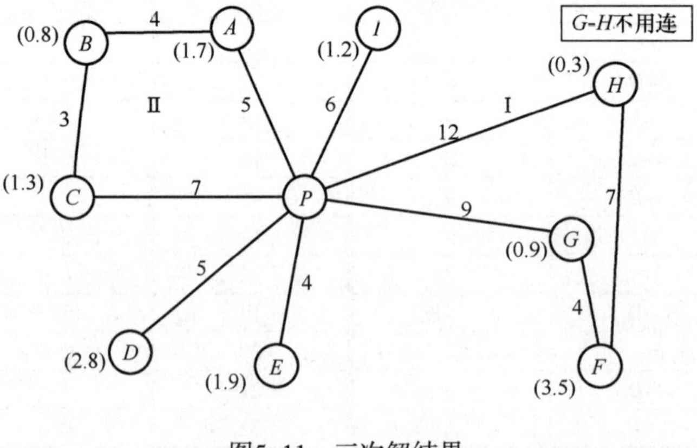

图5-11　三次解结果

送车辆3辆。配送线路Ⅱ的运行距离为19千米，装载量为3.8吨。

四次解：连接$A-I$到配送线路Ⅱ，如图5-12所示。总的配送线路为4条，需要5吨配送车辆3辆，2吨配送车辆1辆。

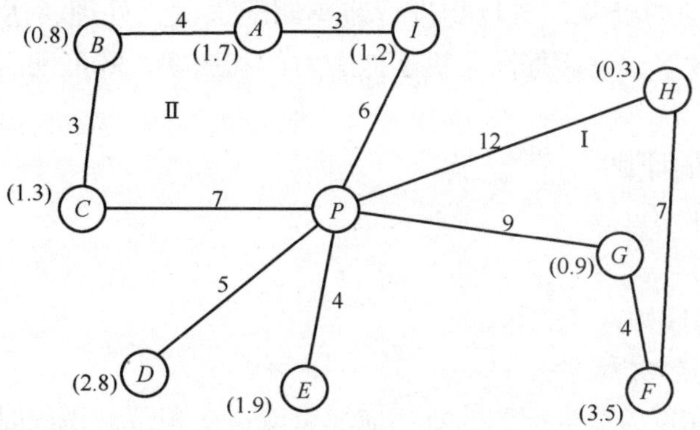

图5-12　四次解结果

最终解：由于受配载的限制，配送线路不再添加新的节点，连接$D-E$,这样就完成了全部的配送设计，总共有3条配送线路，运行距离为67千米，需要2吨车0辆，5吨车3辆。其中配送线路Ⅰ运行距离32千米，装载量4.7吨；配送线路Ⅱ：运行距离23千米，装载量5吨；配送线路Ⅲ：运行距离12千米，装载量4.7吨，如图5-13所示。

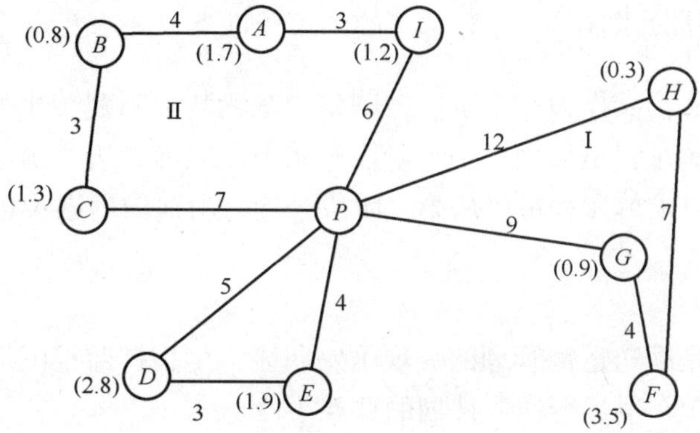

图5-13　最终解

2.节约里程法需考虑的因素和注意事项

（1）适用于顾客需求稳定的配送中心。

（2）各配送路线的负荷要尽量均衡。

（3）要充分考虑道路运输状况。

（4）要预测需求的变化以及发展趋势。

（5）考虑交通的状况。

（6）利用计算机软件求解优化。

三、配送积载

（一）配送积载的概念

配送中心服务的对象是众多的客户和各种不同的货物品种，为了降低配送运输成本，需要充分利用运输配送的资源，对货物进行装车调配、优化处理，达到提高车辆在容积和载货两方面的装载效率，进而提高车辆运能运力的利用率，降低配送运输成本，这就是积载。

（二）配送积载的原则

1.轻重搭配的原则

2.大小搭配的原则

3.货物性质搭配的原则

4.确定合理的堆码层次及方法

另外，到达同一地点的适合配装的货物应尽可能一次积载，积载时不允许超过车辆所允许的最大载重量且车厢内货物重量应分布均匀，同时还应防止车厢内货物之间的碰撞与沾污等。

（三）配送积载的方法

配送运输中最典型的装货积载问题用数学语言可以描述为：假设配送车辆的最大装载量为G，用于运送n种不同的物品，此n种不同物品的重量分别为W_1，W_2，…，W_n，每一种货物的价值系数（可表示价值、运费、重量等）分别用P_1，P_2，…，P_n表示。另设X_k表示第k种物品的装入数量，则在$\sum_{k=1}^{n} W_k X_k \leqslant G$的约束条件下，要求$f(x)=\sum_{k=1}^{n} P_k X_k$最大。

如果把装入一件物品作为一个阶段，则整个车辆装货问题转化为一个动态规划问题。动态规划问题的求解过程是从最后一个阶段开始由后向前推进。由于装入货物的先后次序不影响最优解，所以求解过程可以从第一阶段开始，由前向后逐步进行。

四、车辆调度

车辆运行调度是配送运输管理的一项重要职能，是指挥监控配送车辆正常运行、协调配送生产过程以实现车辆运行作业计划的重要手段。

（一）车辆运行调度工作的内容

1.编制配送车辆运行作业计划

包括编制配送方案、配送计划、车辆运行计划总表、分日配送计划表、单车运行作业计划等。

2.现场调度

根据货物分日配送计划、车辆运行作业计划和车辆动态分派配送任务，即按计划调派车辆，签发行车路单；勘察配载作业现场，做好装卸车准备；督促驾驶员按时出车；督促车辆按计划送修进保。

3.随时掌握车辆运行信息，进行有效监督

如发现问题，应采取积极措施，及时解决和消除，尽量减少配送生产中断时间，使车辆按计划正常运行。

4.检查计划执行情况

检查配送计划和车辆运行作业计划的执行情况。

（二）车辆运行调度工作原则

车辆运行计划在组织执行过程中常会遇到一些难以预料的问题，如客户需求发生变化、装卸机械发生故障、车辆运行途中发生技术障碍、临时性路桥阻塞等。针对以上情况，需要调度部门要有针对性地加以分析和解决，随时掌握货物状况、车况、路况、气候变化、驾驶员状况、行车安全等，确保运行作业计划顺利进行。车辆运行调度工作应贯彻以下原则。

1.坚持从全局出发，局部服从全局的原则

在编制运行作业计划和实施运行作业计划过程中，要从全局出发，保证重点、统筹兼顾，运力安排应贯彻“先重点、后一般”的原则。

2.安全第一、质量第一原则

在配送运输生产过程中，要始终把安全工作和质量管理放在首要位置。

3.计划性原则

调度工作要根据客户订单要求认真编制车辆运行作业计划，并以运行计划为依据，监督和检查运行作业计划的执行情况，按计划配送货物，按计划送修送保车辆。

4.合理性原则

要根据货物性能、体积、重量、车辆技术状况、道路桥梁通行条件、气候变化、驾驶员技术水平等因素合理调派车辆。在编制运行作业计划时，应科学合理地安排车辆的运行路线，有效地降低运输成本。

（三）车辆调度的方法

车辆调度的方法有多种，可根据客户所需货物、配送中心站点及交通线路的布局不同，简单的可采用定向专车运行调度法、循环调度法、交叉调度法等。如果运输任务较重，交通网络较复杂时，为合理调度车辆的运行，可运用运筹学中线性规划的方法，如最短路径法、表上作业法、图上作业法等。

1.表上作业法

运输问题是线性规划最早研究的问题，也是与交通运输行业密切相关的问题。其表述如下：设某类物资有m个配送中心地（产地）A_1，A_2，…，A_m，其供给（产）量分别为a_1，a_2，…a_m；有n个客户（销地）B_1，B_2，…B_n，其需求（销）量分别是b_1，b_2，…，b_n，且供需平衡（$\sum_{i=1}^{m} a_i = \sum_{j=1}^{n} b_j$）。已知单位物资从$A_i$运到$B_j$的运价为$C_{ij}$（$i$=1，2，…，$m$；$j$=1，2，…，$n$），试求使总运费最小的调运方案。

由于此问题结构比较特殊，通常均采用比较简单的表上作业法求解。表上作业法基本步骤如下：

①列出调运物资的供需（产销）平衡表及运价表；

②按最小元素法建立初始调运方案；

③采用位势法计算初始方案每个空格的闭回路的检验数；

④检查检验数，如所有检验均为非负，说明方案是最优的，已经得到我们想要的方

案，结束求解；

⑤如果有某个或某几个检验数小于0，则选择负检验数中绝对值最大的闭回路进行调整，建立新的方案；

⑥重复3~5步，直至获得最优调运方案。

下面通过一个运输问题的例子来说明表上作业法的计算步骤（表5–4）。

表5–4　产品运价运量表

销地/单位运价/产地	B_1	B_2	B_3	B_4	产量/t
A_1	3	11	3	10	7
A_2	1	9	2	8	4
A_3	7	4	10	5	9
销量/t	3	6	5	6	20

（1）给定初始方案——最小元素法。其基本思想是通过使运价最小的优先供应的方法，给出一个初始基本可行解。先列出运价表（表5–5）、运量表（表5–6）。从中可知运价最小的是1，位于（2，1），故让A_2优先供应B_1，A_2的产量是4t而B_1的销量为3t，故A_2供应B_1共3t,得表5–7，此时B_1已全部满足，划去运价表中B_1列。

表5–5　优先供应安排表1（运价表）

销地/产地	B_1	B_2	B_3	B_4	产量/t
A_1	3	11	3	10	7
A_2	（1）	9	2	8	4
A_3	7	4	10	5	9

表5–6　优先供应安排表2（运量表）

销地/产地	B_1	B_2	B_3	B_4	产量/t
A_1					7
A_2	（3）				（4）
A_3					9
销量/t	3	6	5	6	

表5–7　优先供应安排表3（运价表）

销地/产地	B_1	B_2	B_3	B_4
A_1	3	11	3	10
A_2		9	（2）	8
A_3	7	4	10	5

接着从运价表余下的数字中可知最小的是2，位于（2，3），故让A_2优先供应B_3，此时A_2仅有1t,得表5-8，并划去运价表中A_2，得表5-9。但B_3并没有满足，比较只有A_1到B_3的运费最小，则由A_1向B_3运送剩余的4t。

表5-8　　优先供应安排表4（运量表）

销地/产地	B_1	B_2	B_3	B_4	产量/t
A_1					7
A_2	3		(1)		(4)
A_3					9
销量/t	3	6	5	6	

表5-9　　优先供应安排表5（运价表）

销地/产地	B_1	B_2	B_3	B_4
A_1	3	11	(3)	10
A_2		9		8
A_3	7	4	10	5

按此步骤一步一步地进行下去，直到运价表上所有元素均划去为止，最后即可得到一个初始方案，如表5-10所示。

表5-10　　初始调运方案（运量表）

销地/产地	B_1	B_2	B_3	B_4	产量/t
A_1			4	3	7
A_2	3		1		4
A_3		6		3	9
销量/t	3	6	5	6	

即初始调方案（初始方案可行解）为：

$X_{13}=4$，$X_{14}=3$，$X_{21}=3$，$X_{23}=1$，$X_{32}=6$，$X_{34}=3$，其余$X_{ij}=0$；此方案的总运费为8600元。

（2）最优解的判断——位势法。一个方案是否最优需要判别，判别的最常用方法有回路法和位势法，这里介绍较为简便的位势法。

①先造一张表，如表5-11所示。

表5-11　　初始方案运价表

销地/产地	B_1	B_2	B_3	B_4
A_1			3	10
A_2	1		2	
A_3		4		5

这张表是初始方案中将有数子的格子处填入单位运价得到的。

②在表5-11上增加一行一列如表5-12所示，并按下述公式计算每个生产的位势U_i,每个销地的位势V_j:

$$U_i+V_j=C_{ij} \qquad i=1,2,\cdots,m\,;j=1,2,\cdots,\ n。$$

计算时，（可先令任一位势为任一常数）（如先令$U_1=0$）,按上述公式，能相机地确定U_i和V_j。但令$U_1=0$时，由$U_1+V_3=3$,可得$V_3=3$,由$U_1+V_4=10$,可得$V_4=10$,由于$V_4=10$,由$U_3+V_4=5$,可得$U_3=-5$，…，类似地，可确定所有的U_i和V_i的数值，得表5-13。

表5-12　位势表

销地/产地	B_1	B_2	B_3	B_4	行位势
A_1			3	10	（U_1）0
A_2	1		2		（U_2）-1
A_3		4		5	（U_3）-5
列位势	（V_1）2	（V_2）9	（V_3）3	（V_4）10	

③将表5-13中的行位势与列位势两两相加，其和数放在相应的方格内，得表5-14。

表5-13　位势和表

销地/产地	B_1	B_2	B_3	B_4	行位势
A_1	2	9	3	10	0
A_2	1	8	2	9	-1
A_3	-3	4	2	5	-5
列位势	2	9	3	10	

④将运价表（表5-5）减去表5-14，得检验数表，如表5-15所示。

表5-14　检验数表

销地/产地	B_1	B_2	B_3	B_4
A_1	1	2	0	0
A_2	0	1	0	-1
A_3	10	0	12	0

得检验数表后，即可判断该方案是否最优。判断的法则是：若所有检验数均为非负（即大于等于零），则该方案为最优方案；否则，表明尚未得到最优解，必须改进（即求出另一个基本可行解）。上诉检验数表中，有一个小于零的数，说明该方案不是最优，需进行调整、改进。

（3）方案的改进——闭回路调整法。找出检验数表中最小的负数，以它所对应的空格为调入格。由表5-11知（2，4）为调入格。从此格出发，做一闭回路，这个闭回路的边线为垂直线或水平线，而顶点是有数字的格子（垂直线或水平线允许穿过有数字的格子，且这样的闭回路一定唯一存在），如表5-15所示。

表5-15 运量调整表

销地/产地	B_1	B_2	B_3	B_4	产地
A_1			4	3	7
A_2	3		1	0	4
A_3		6			0
销量/t	3	6	5	6	

然后从空格（2，4）出发，沿闭回路前进，在这个闭回路的奇数顶点处，即格子（2，3）和格子（1，4）处，将原有的调运量减去一个θ,其值等于奇数顶点处的最小调运量，本例为min{1,3}=1, θ=1,在空格本身及闭回路的偶数顶点处，即（2，4）和（1，3）处加上一个θ值1，即得到新的调运方案，如表5-16所示。

表5-16 运量调整表

销地/产地	B_1	B_2	B_3	B_4	产地
A_1			5	2	7
A_2	3		0	1	4
A_3		6		3	9
销量/t	3	6	5	6	

对表5-17给出的调运方案，再应用位势法求出检验数表，如表5-18所示。

表5-17 检验数表

销地/产地	B_1	B_2	B_3	B_4	U_i
A_1	0	2	0	0	0
A_2	0	2	1	0	-2
A_3	9	0	12	0	-5
V_j	3	9	3	10	

由于表中的检验数均为非负，故表5-17给出的调运方案即最优调运方案：

X_{13}=5，X_{14}=2，X_{21}=3，X_{24}=1，X_{32}=6，X_{34}=3，其余X_{ij}=0。

即：A_1向B_3运输5t，A_1向B_4运输2t；A_2向B_1运输3t，A_2向B_4运输1t；A_3向B_2运输6t，A_3向B_4运输3t。

则相应的总运费最小为85（百元）。

供需不平衡的物资调运问题：

在应用表上作业法制订物资调运方案时，要求有产销（供需）平衡的条件。可是在实际中常常会碰到产销不平衡的情况。此时虽然不能直接应用表上作业法，但经过适当的处理后，还是可以化成供需平衡问题来应用表上作业法，使之获得圆满解决。

①供应量大于需求量。为了解决这一问题，可以引入一个虚设的需求点，令其需求量等于实际问题中供应量与需求量之差。实际上，这就相当于在某个供应点的仓库里，将多余部分的供应量储存起来。由于虚设的需求并没有参加实际的调配运输，因此可视它的相应运价为零，从而实际上不会对整个物资调运问题最小运输费用值的结果产生影响。但是，由于引入了一个需求点，其需求量刚好等于多余的供应量，从而使不平衡的调运问题转化为供销平衡的运输问题，所以可以应用表上作业法求出它的物资调运最优方案。

②需求量大于供应量。同样，为了使该问题转化为供需平衡问题，可以虚设一个供应点，令这个虚设的供应点的供应量等于实际问题中需求量与供应量的差额。这样，就相当于在某个需求点内设立一个仓库，假设需求不足部分的物资已经通过另找出路供应，预先储备起来了。因此，这一部分需求量对该调运问题来说，也不存在运输问题，所以同样可设它的相应运价为零，从而也不会影响到最小运输费用的值，但这时我们已经可以应用表上作业法来求出它的最优物资调运方案。

2.图上作业法

图上作业法是将配送运输量任务反映在交通图上，通过对交通图初始调运方案的调整，求出最优配送车辆运行调度方法。运用这种方法时，要求交通图上没有货物对流现象，以运行最短路、最低运费或最高行程利用率为优化目标。其基本步骤为：

（1）绘制交通图。

（2）将初始调运方案反映在交通图上。

（3）检查与调整。

3.经验调度法和运输定额法

在有多种车辆时，车辆使用经验原则为尽可能使用能满载运输的进行运输。如运输5t的货物，安排一辆5t载重量的车辆运输。在能够保证满载的情况下，优先使用大型车辆，且先载运大批量的货物。一般而言大型车辆能够保证较高的运输效率和较低的运输成本。

例如某日需运输水泥580吨、盘条400吨和不定量的平板玻璃。该中心有大型车20辆，中型车20辆，小型车30辆。各种车每日只运输一种物质，运输定额如表5–18所示。

表5–18　　车辆运输定量表

车辆种类	运水泥	运盘条	运玻璃
大型车	20	17	14
中型车	18	15	12
小型车	16	13	10

根据经验派车法确定，车辆安排的顺序为大型车、中型车、小型车。货载安排的顺序为水泥、盘条、玻璃。得出派车方案如表5–19所示，共完成货运量1080吨。

表5-19　　经验排车法

车辆种类	运水泥车辆数	运盘条车辆数	运玻璃车辆数	车辆总数
大型车	20			20
中型车	10	10		20
小型车		20	10	30
货运量/吨	580	400	100	

对于以上车辆的运输能力可以按表5-20计算每种车运输不同货物的定额比。

表5-20　　车辆运输定额比

车辆种类	运水泥/运盘条	运盘条/运玻璃	运水泥/运玻璃	……
大型车	1.18	1.21	1.44	
中型车	1.2	1.25	1.5	
小型车	1.23	1.3	1.6	

其他种类的定额比都小于1，不予考虑。在表5-21中小型车运水泥的定额比最高，因而要先安排小型车运输水泥；其次由中型车运输盘条；剩余的由大型车完成，得表5-21的派车方案，共完成运量1106t。

表5-21　　定额比优先派车法

车辆种类	运水泥车辆数	运盘条车辆数	运玻璃车辆数	车辆总数
大型车	5	6	9	20
中型车		20		20
小型车	30			30
货运量/吨	580	400	126	

参考文献

1.王之泰.现代物流学.北京：中国物资出版社，1995.
2.孙秋菊.现代物流概论.北京：高等教育出版社，2003.
3.李永生，郑文岭.仓储与配送管理.北京：机械工业出版社，2004.
4.谭刚，姚振美.仓储与配送管理.北京：中央广播电视大学出版社，2005.
5.薛威.物流仓储管理实务.北京：高等教育出版社，2006.
6.朱华.配送中心管理与运作.北京：高等教育出版社，2008.
7.祺洪祥，钱廷仙.配送管理.南京：东南大学出版社，2006.
8.宋文官.仓储与配送管理实务.北京：高等教育出版社，2010.